# 古代禮制風俗漫談 1

陰法魯等◉著

# 出版說明

爲什麼宋版書最好？爲什麼彌勒佛總是掛著布袋？「潤筆」一詞從何而來？爲什麼新婚夫婦必須共飲交杯酒？您知道嗎？

中國是世界四大文化古國之一，文化的根已深深植於人們的食衣住行與娛樂當中，只是因爲時代久遠，它們的許多原始意義與精神已漸漸爲人們所淡忘。所以我們知道今年是屬十二生肖的哪一年，以干支如何紀年，但卻很少有人去追究中國人爲何，或何時開始以干支紀年？小孩閒來無事，以踢毽子玩耍，更少有人會去追究毽子的來源爲何？

生活中的小事，我們可以「行而不知」，但是當我們翻開古代文史著作，面對古人古事，許多枝節卻不是我們能夠忽視的。如果我們不知「鐵券」是什麼，讀《水滸》時就不會明白它爲何能提供柴進如此大的權力、勢力；如果我們不知「結髮」的婚儀爲何，如何能算是充分了解杜甫

「結髮爲君婦，席不暖君床。」這句詩呢？所以文化知識看似枝節末流，但卻是研讀古籍時不可或缺的一環。

經由大陸多位學者的努力，參考許多出土古物和現有資料，針對許多瑣碎的問題追根究底，並提供完整的資料，編成這套《古代禮制風俗漫談》，不但可作研讀古籍時的參考，更適合作消遣小品閱讀，無形中可增加許多小知識，一舉數得。

編輯部

# 目錄

# 漫談文化史知識

／陰法魯

古代文史著作是古代社會的產物。研究這類著作，不但需要學習古代漢語和基本的歷史知識，而且還應當廣泛地熟悉古代社會裏出現的各種事物，即古人的物質生活和精神生活的情況。說明這種情況的知識，可以稱為文化史知識。

讀古代文史著作，如果不熟悉當時的社會生活，就可能發生這樣的情況：文字雖然都認識了，但對內容卻不理解，甚至還會引起一些幻覺或錯覺。例如看到書上說到古代帝王的宮殿，腦子裏就可能浮現出北京故宮的景象。實際上，北京故宮是明清兩朝處於經濟高度發展時期陸續修成的，以前的歷代宮殿都沒有達到這樣的規模和建築水平。戰國時代，在今山東省東部的齊國，是個比較富庶的國家。有一天，國君齊宣王坐在大殿上，看到有人牽著牛從殿下走過，就問他：「牽著牛到哪裏去？」那個人回答說：「要殺牛祭鐘。」宣王竟然看到牛嚇得直打哆嗦，於是命令那個人用羊來代替牛，殺了羊祭鐘。這個故事是否完全可信，那是另外一個問題，但可以使人推想，齊國的這座大殿並不太高，朝廷的院子也並不太大，不能和北京故宮相比。當然古代宮殿的建築也不會太小、太簡陋。就商代說，現在保存下來的最大的銅器「司母戊」鼎，高一百三十三釐米，重達八百七十五公斤，那麼，安置這種龐然大物的建築就一定具有相應的規模和藝術成就，因為藝術的發展水平不會只孤立地表現在銅器上。

文化史知識的範圍很廣，包括古人的衣食住行、器物用具、典章制度、風俗習慣、文化生活、科學技術、天文地理、藝術、中外文化關係等各方面的基本知識。這種知識的來源，主要是文獻記載，其次是考古資料和社會調查資料。解放以後出土的大量文物和在一些少數民族地區所進行的社會調查，為文化史的研究提供了豐富的真實資料。現在舉一些事例，說明古代文化史知識和文學作品以及歷史文獻的關係。

## 一、在衣食住行方面

如《詩經．豳風．七月篇》反映了西周勞動人民反抗剝削階級的呼聲：「取彼狐狸，為公子裘。」農奴捕得狐狸，交給領主做皮襖，而自己卻落得「無衣無褐，何以卒歲！」這裏所謂衣是指布衣，褐是粗毛織品。當時沒有棉花，布是用麻織成的。貴族穿絲帛，平民穿布衣或求布衣而不可得。以後，布衣就成了平民的代稱。《史記．李斯傳》說李斯原是「上蔡布衣」，即上蔡的平民。又如東漢史學家班固在《漢書．敘傳》中說，西漢成帝時班家有個班伯，曾與大族子弟為群，

「在於綺襦紈絝之間，非其好也。」唐代顏師古注：「紈，素也。綺，今細綾也。並貴戚子弟之服。」按素即白絹，綾有文理，襦為上衣，絝或寫作袴，同褲。因此，紈袴子弟就成了富家輕薄子弟的代稱。

古人釀酒，起源很早。商周時代，貴族飲酒的風氣就很盛。《詩經．小雅．大東篇》：「維北有斗（星宿），不可以挹酒漿。」那時是用斗舀酒的。古代的酒是米酒，不是後來的白乾酒。所以在古代記載中，有些人的酒量大得驚人。李白《月下獨酌》詩：「三杯通大道，一斗合自然。」說一次喝一斗酒，可能並非藝術誇張。

《韓非子．五蠹篇》記載，上古之世，人少而禽獸蟲蛇多，有個「有巢氏」出來，教人民「構木為巢，以避群害。」這個傳說還是合乎社會發展過程的。構木為巢，是說人們受了鳥在樹上築巢的啟發而修築房屋，並不是說人也在樹上住過。人在樹上搭房子，很困難，即使搭上，大風一起，也會搖下來。在我國西南和東北邊疆的山區，過去有些房子是在用木架構成的底架上修建起來的，很結實，距地面較高，人們用梯子上下。不僅能防備野獸蟲蛇的侵害，而且能防潮。古代所謂構木為巢，應是指這類房子說的。古人看「晷」（日影）來計算時間，夜間用膏油點燈以照明，所以唐代文學家韓愈《進學解》一文中以「焚膏繼晷」一語，形容珍惜時間、勤學不倦的精神。點燈時，燈心燃燒，餘燼常結為花形，稱「燈花」。古人認為燈花的出現，是和主人的運氣有關的事情。《漢書．藝文志》中有《占燈花術》一書，已失傳。南北朝時庾信作《對燭賦》，其中有「復訝燈花今得錢」之語，反映了古代「燈火花，得錢財」的一種迷信傳說。燈心燃久了，或者結成了燈花，就要加以撥挑，稱為「挑燈」。唐代詩人岑參《邯鄲客舍歌》：「邯鄲女兒夜沽酒，對客挑燈誇數錢。」辛棄疾《破陣子》詞：「醉裏挑燈看劍，夢回吹角連營。」挑燈即撥亮燈光的意思。現在已經普遍地使用了電燈，如果不是使用油燈，再說「挑燈夜讀」，就是笑話了。

古代中原人民很早就發明了車和船，用以載人運物。在戰國時代以前，中原人民還不常騎馬，作戰也用車。但後來發現用這種戰車同游牧民族的騎兵作戰，就顯得太笨重了，特別是在山地和沙漠地區作戰，更不能發揮什麼作用。到戰國時代，趙國的武靈王（西元前三二五～前三〇六年在位）「胡服騎射」，提倡改為騎馬作戰。在秦代末年的楚漢戰爭中，騎兵已經成了活躍的力量。《史記．項羽本紀》記載，項羽由垓下突圍逃走，「麾下壯士騎從者八百餘人」，漢軍「以五千騎追之」。項羽至烏江，亭長勸他渡江，固守江東，他沒有接受，自刎而死。唐詩人杜牧《烏江亭懷古》詩：「江東子弟多賢俊，捲土重來未可期。」捲土二字，寫出了大批騎兵結隊奔馳，揚起滾滾塵土，像急流中波浪翻騰的雄壯氣勢。

戰國以後，除了作戰以外，騎馬以代車代步，就在中原盛行起來。《漢書．高帝記》記載，漢高祖召齊國舊貴族田橫，「橫懼，乘傳詣洛陽。」顏師古注：「傳者，若今之驛。古者以車，謂之傳車，其後又單置馬，謂之驛騎。」田橫乘傳，大概仍是指傳車而言。《漢書．李陵傳》：「因騎置以聞。」顏師古注：「謂驛騎也」。這裏是指騎馬而言，驛卒騎馬到長安送遞公文。又《丙吉傳》記載．丙吉的馭吏熟悉邊郡情況，「嘗出，適見驛騎持赤白囊，邊郡發奔命書馳來至。」騎馬比乘車方便而且迅速。「奔命書」即緊急文書。陳直先生據居延漢簡，認為「邊郡公牘，有要事時，是用赤白囊。簡文既僅云『赤表』，似為赤表白囊。」①可能是白囊外加紅色標誌。

## 二、在制度方面

《易經．繫辭》說，神農氏的時候，「日中（正午）為市，致天下之民，聚天下之貨，交易而退，各得其所。」在貨幣產生以前，以物易物，互通有無，是普遍的貿易形式。在中原地區，這種貿易形式究竟開始於什麼時候，很難說。解放以前，在我國西南地區的少數民族中，還有定期的以物易物的集市，參加者都是住在附近的人。

什麼時候開始用貨幣？商代是否已有貨幣，考古學家的意見還不一致。當時由南方運來的海貝，成為貴族的珍貴裝飾品。甲骨文中有「取貝二朋」的記載。用線把貝繫成一串，稱朋，是計算貝的單位。到了西周、春秋時代，貝就逐漸多起來，貴族視為至寶，已經獲得貨幣形態。金文中多有「錫（賜）貝」的記載，《詩經．小雅．菁菁者莪篇》也有「錫我百朋」的語句。一朋是多少貝呢？古注或說五貝，或說十貝。由考古資料考察，以五貝說為妥。

貝是寶物，但沒有實用價值，而且過於昂貴，不便於零買零賣，所以不能成為民間的通貨。有的考古學家指出，當時有兩類市場，即貴族市場和民間市場。在民間，貿易仍然是以物易物，或者是以某幾種生產工具作為貨幣。後來作為貨幣的錢、鎛（後寫作布）、刀等都是由生產工具轉化而成的。錢、鎛是鏟、鋤之類的農具。這些工具本身就具有一定的價值。但每家不可能儲備很多，而且也不便於零買零賣，因此，糧食和布絲還是最常用的交易品。《詩經．小雅．小宛篇》說：「握粟出卜，自何能谷（吉）？」考古學家認為，帶著糧食出去占卜，如果沒有其他意義，就是用糧食作為占卜費，這種解釋很有道理。在金屬品很稀罕的情況之下，即使有錢鎛之類作為貨幣，占一次卦也不能給卜師一把鏟子啊，寧可給他一些糧食。《詩經．衛風．氓篇》說：「氓之蚩蚩，抱布貿絲。」古注認為「布，幣也。」詩中說抱著布來換絲，這個布字大概不是貨幣，而是用麻織成的布。據已發現的文化遺存物考察，春秋晚期晉國鑄造金屬貨幣「空首布」。

秦始皇統一之後，規定銅錢的樣式是圓形方孔，此後歷代的銅錢都沿用這種樣式。但在文史著作中有時還出現貨幣的原始名稱。古樂府詩《白頭吟》：「男兒重義氣，何用錢刀為？」錢刀即金錢。西晉隱士魯褒《錢神論》說：「錢之為體，有乾坤之象，內則其方，外則其圓。……親之如兄，字曰孔方。」「孔方兄」這個稱號富為諷刺意義，既象徵錢的樣式，又象徵貪財好利者的性格。

又如歷史上的土地制度就關係到很多文獻的解釋問題。西周和春秋時代在社會發展史上是處於什麼階段呢？有人認為是奴隸社會；有人認為已經進入封建社會，是封建領主制社會。許多研究者根據雲南省西雙版納傣族地區和西藏地區的舊社會調查資料，認為中原地區在西周和春秋時代是封建領主制即封建農奴制社會。

西藏和西雙版納在解放以前，都是封建農奴制社會，那裏的土地都歸該地區的最高統治者即最大領主所支配。土地不能買賣，由最大領主層遞分封給大小各級領主。領主把自己管領的土地留一部分作自營地，而把其餘的分給農奴作份地。農奴要無償地耕種領主的自營地，把全部收穫物交給領主。份地由農奴自己耕種，收獲物歸自己，不再向領主交納地租，但仍受其他特權剝削。這是屬於勞役地租的剝削形式。

這種情況和西周及春秋時代是相類似的。周天子是最大的領主即最大的土地所有者，授土授民，層遞分封，和諸侯、卿、大夫、士各級領主構成了統治階級，統治著廣大的農奴和奴隸。《詩經．小雅．北山篇》說「溥（普）天之下，莫非王土」，正反映了「土地王有」的事實。分配土地，以「邑」、「田」為單位，這種土地制度即莊園制，也可以稱為井田制。《孟子．滕文公篇》記載：

方里而井，井九百畝，其中為公田。八家皆私百畝，同養公田；公事畢，然後敢治私事。

孟子並沒有見過井田，井田不會是這樣的整齊劃一，但這段話反映了古代封建領主的莊園經濟的影子。公田即領主自營地；私指私田，即農奴的份地。根據這樣的理解，對一些有關記載就可以有進一步的認識了。《詩經．小雅．大田篇》：「有渰（雲起貌）萋萋（盛貌），興雨祁祁（徐緩貌），雨我公田，遂及我私。」這裏所說的公田、私田，就可以用井田制來解釋。大田也是公田的意思，又稱甫田。

到了春秋時代，井田制就難以維持下去了。《詩經·齊風·甫田篇》說：「無田（佃）甫田，維莠驕驕。」公田裏莠草這樣茂盛，莊稼就不可能生長了。這也是對領主的沉重打擊。土地制度不能不改變了。魯宣公十五年（西元前五九四年），魯國「初稅畝」，按田畝多少收稅，承認土地私有制，勞役地租轉化為實物地租（仍有繁重的徭役）。到了戰國時代，秦孝公十二年（西元前三五〇年），商鞅在秦國變法，「廢井田，開阡陌。」南宋學者朱熹《開阡陌辨》說：「開者，乃破壞剗削之意，而非創立建置之名。」井田制既已廢除，作為井田標誌的阡陌就沒有存在的必要了。另一個剝削階級——地主階級，首先在秦國代替了領主階級，取得了政權。

古代文獻裏經常出現統治階級的一些稱號。有謚號，一般是帝王和官僚死後按他們的生平事迹所加的稱號，絕大部分是褒義的。有廟號，是皇帝死後在太廟立牌位時所加的稱號。夏桀，傳說姓姒名履癸，商紂姓子名辛，桀、紂是後來加給他們的貶義謚號。歷史上的皇帝，絕大多數都有廟號、謚號。如「（漢）高祖（廟號）高皇帝（謚號）劉邦」、「（漢）世宗（廟號）孝武帝（謚號）劉徹」、「（隋）高祖（廟號）文帝（謚號）楊堅」、「（唐）高祖（廟號）神堯大聖大光孝帝（謚號）李淵」、「（宋）太祖（廟號）啟運立極英武睿文神德聖功至明大孝帝（謚號）趙匡胤」。歷史上對隋代以前的皇帝，多稱謚號，如漢武帝、隋文帝；對唐以後的皇帝，因謚號逐漸加長，不便稱謂，於是多稱廟號，如唐高祖、宋太祖。

從漢武帝起，又立年號，他的年號就有「建元」、「元光」、「元朔」等。以後歷代皇帝都有年號，而且多數皇帝的年號都不止一個。明清兩代，每個皇帝只有一個年號，因此，習慣上常用他們的年號代表人。如明武宗朱厚照的年號是「正德」，就稱他「正德帝」或「正德」；清聖祖愛新覺羅．玄燁的年號是「康熙」，就稱他「康熙帝」或「康熙」。

古代的王侯貴族和士大夫也有謚號。如春秋時代齊國國君齊桓公（謚號），姓姜名小白；晉國國君晉文公（謚號），姓姬名重耳。魯國大夫季孫肥，謚康，所以也稱季康子。漢高祖之弟劉交，封楚王，謚元，所以稱楚元王。他的詩集稱《元王詩》，已佚。三國時蜀丞相諸葛亮，封武鄉侯，謚忠武。他的文集稱《諸葛忠武侯集》。南朝梁武帝的太子蕭統，謚昭明。他主持編輯的一部文學作品選集稱《昭明文選》，他的文集稱《昭明太子集》。

還有一種私謚，不是出於官府，而是由親朋等評議所定的稱號。如春秋時代魯國大夫展禽，死後由他的門徒謚為惠，因居柳下地方，即稱柳下惠。東晉文學家陶潛（淵明）死後，「世稱靖節先生」，這也是私謚。他的詩注稱《陶靖節詩注》。

封號是帝王封給臣屬爵位或土地時所加的稱號。如戰國時代衛國人公孫鞅，在秦國執政，因功封商、於十五邑，稱為商君，也稱商鞅。他的著作稱《商君書》。漢高祖之子劉安，封淮南王。他主持編寫的一部書稱《淮南子》。唐代的張說，封燕國公，他的文集稱《張燕公集》。宋代的王安石，封荊國公，他的年譜稱《王荊公年譜》。

# 三、在文化生活方面

如天干、地支的運用問題。關於干支的起源，現在還不很清楚。天干——甲乙丙丁戊己庚辛壬癸，地支——子丑寅卯辰巳午未申酉戌亥，在古代有廣泛的用途：

㈣用干支表示時間。

㈠表示年份。有只用地支的，如子年、丑年等；有用干支配合方式的，如甲子年、乙丑年等。用後一種方式紀年，如由甲子年至另一甲子年，歷六十年循環一次（也適用於紀日）。就人說，六十歲舊稱「花甲」。花甲是「花甲子」的簡稱，因干支花插著配合，所以稱「花」。古人稱年齡相同為「同甲」或「同庚」，稱年齡為「年庚」，婚禮中男女雙方交換的開具年齡等項的項目單稱為「庚帖」。舊時，以地支和十二屬相（肖獸）相配合，即子鼠、丑牛、寅虎、卯兔、辰龍、巳蛇、午馬、未羊、申猴、酉雞、戌狗、亥豬。子年稱為鼠年，丑年稱為牛年，餘類推。六十年中有子年、丑年等各五年。

㈡用地支紀月。按陰曆（夏曆），寅為正月，卯為二月，餘類推。舊時過春節時，有的人家在門楣上貼「斗柄回寅」四字，意思是北斗星的斗柄又指到「寅」的方位，正月來臨，一年復始。

㈢用干支配合的方式紀日。如甲子、乙丑等，六十日一循環。也有單用天干或地支紀日的。

| | 1 | 2 | 3 | 4 | 5 | 6 | 7 | 8 | 9 | 10 |
|---|---|---|---|---|---|---|---|---|---|---|
| 1 | 甲乙 | 乙丑 | 丙寅 | 丁卯 | 戊辰 | 己巳 | 庚午 | 辛未 | 壬申 | 癸酉 |
| 2 | 甲戌 | 乙亥 | 丙子 | 丁丑 | 戊寅 | 己卯 | 庚辰 | 辛巳 | 壬午 | 癸未 |
| 3 | 甲申 | 乙酉 | 丙戌 | 丁亥 | 戊子 | 己丑 | 庚寅 | 辛卯 | 壬辰 | 癸未 |
| 4 | 甲午 | 乙未 | 丙申 | 丁酉 | 戊戌 | 己亥 | 庚子 | 辛丑 | 壬寅 | 癸卯 |
| 5 | 甲辰 | 乙巳 | 丙午 | 丁未 | 戊申 | 己酉 | 庚戌 | 辛亥 | 壬子 | 癸丑 |
| 6 | 甲寅 | 乙卯 | 丙辰 | 丁巳 | 戊午 | 己未 | 庚申 | 辛酉 | 壬戌 | 癸亥 |

如古曆法中有「伏日」，「夏至後第三庚為初伏，四庚為中伏，立秋後初庚為終伏。」「庚」即「庚日」（每十日有一庚日）古代有「修禊」的祭祀活動，稱為「上巳」節，原在夏曆三月上旬的「巳日」舉行（每十二日有一巳日），後改在三月三日。

(四)用干支紀時。即將一晝夜分為十二時辰，如午時（中午十一～十三點）、子時（晚上二十三～一點）等。夜半子時稱子夜，也稱午夜。古代又把一夜分為五段，即甲夜、乙夜、丙夜、丁夜、戊夜，又稱五鼓或五更。每更約兩小時。夜間報更的鼓，稱為「更鼓」。

**(乙)用干支表示方位、等第、次序。**

如甲、乙表示東方，丙、丁表示南方，戊、己居中，庚、辛表示西方，壬、癸表示北方。《漢書．百官公卿表》記載，漢元帝時置「戊己校尉」。顏師古注：

> 甲乙丙丁庚辛壬癸，皆有正位，惟戊己寄治耳。今所置校尉，亦無常居，故取戊己為名也。有戊校尉，有己校尉。一說，戊己居中，鎮覆四方，今所置校尉，亦處西域之中，撫諸國也。

《左傳》哀公十三年記載了這樣一個故事：越國和吳國交戰，吳大夫公孫儀向魯大夫公孫有山借糧食。公孫有山說：「如果我登上首山呼喊『庚癸乎！』你就答應。」以此作為運到糧食的暗號。西晉學者杜預注：「庚，西方，主谷；癸，北方，主水。」秋季配西方，是收穫糧食的季節。又《漢書．王莽傳》：「莽通子午道，從杜陵直絕南山，經漢中。」顏師古注：「子，北方也；午，南方也。言通南北相當，故名子午道。」北京故宮（原明清時代的紫禁城）南門稱午門。近代天文學中通過地球南北極的假想的圓圈，漢譯名即稱子午線。

《史記．武帝本紀》記載：漢武帝封方士奕大為樂通侯，「賜列侯甲第」。宋（劉宋）裴駰《史記集解》引《漢書音義》說：「有甲乙次第，故曰第。」甲第指大宅。甲又演變為動詞，如「桂林山水甲天下。」《漢書．成帝紀》說：成帝「生甲觀（樓觀）畫堂。」顏師古注：「甲者，甲乙丙丁之次也。」用以區別不同的樓觀。

**(丙)用干支作為人名。**如商代帝王太乙（商湯）、太甲、盤庚、帝辛（商紂）；春秋時代的魯僖公姬申，蔡莊侯姬甲午，魯國大夫少正（姓）卯（名）等。

商代人名用干支的很多，到了周代，用伯（或孟）仲叔季行第稱謂作人名者增多，這大概也是商周文化傳統不同的一種表現。伯仲叔季即老大、老二、老三、老四。季是最小的一個，有時老三也稱季。如周太王生三子，取名太伯、虞仲、季歷；孔丘字仲尼，其兄名孟皮。戰國「四公子」之一的孟嘗君，是齊國人，姓田名文。嘗，是封邑名。孟，是行大。後來，伯仲叔季的用法更加廣泛。魏文帝曹丕《典論．論文》：「傅毅之與班固，伯仲之間耳。」即不相上下的意思。李白《春夜宴桃李園序》：「群季俊秀，皆為惠連（謝惠連）。」「季」是弟弟的意思。

孟仲季也表示每一季度的三個月的次序，如《禮記．月令》所載「孟春之月」、「仲春之月」等。陶淵明《讀山海經》詩：「孟夏草木長，繞屋樹扶疏」。孟夏即指陰曆四月。《北史．孝文帝紀》：「自今選舉，每以季月，本曹與吏部銓簡。」季月指四季的末月，即三月、六月、九月及十二月。

古人還把青龍、白虎、朱雀、玄武（龜有黑甲）四組星宿（也稱四靈），五色——紅（朱）黃藍白黑，五聲（五聲音階中的五個音級）——宮商角徵羽，十二律——黃鐘、大呂、太簇、夾鐘、姑洗、中呂、蕤賓、林鐘、夷則、南呂、無射、應鐘，五行——金木水火土，八卦——乾坎艮震巽離坤兌，同干支及季節、方位等配合起來，形成了一套思想體系。如《後漢書．百官志》記載，洛陽的南宮設「蒼龍司馬，主東門（蒼龍即青龍）；玄武司馬，主玄武門；北屯司馬，主北門。」玄武門也應當在北面。北宮設「朱爵（雀）司馬，主南掖門（旁門）。」《昭明文選》所載張衡《東京賦》：「乃新崇德，遂作德陽。」「昭仁惠於崇賢，抗義聲於金商。飛雲龍於春路，屯神虎於秋方。」注：「崇德、德陽，皆殿名也。」「崇賢，東門名也；金商，西門名也。」「德陽殿東門，稱雲龍門；德陽殿西門，稱神虎門。」雲龍、神虎，即青龍、白虎，東西兩門相對。崇賢、金商兩門，當是指崇德殿門而言。五行中的金，五聲中的商，都屬西方，屬秋季，所以西門稱金商門。舊時山東肥城農村中過春節時，常在碾磨及井台等處貼一「酉」字，酉即白虎的代稱，用以表示鎮壓妖魔之意。

古文獻中也稱秋季為「商秋」，秋風為「金風」、「商風」。魏（三國時）人何晏《景福殿賦》：「結實商秋，敷華青春。」蕭統《夷則七月啟》：「金風曉振，偏傷征客之心。」拂曉吹來的秋風，引起征途中旅人的傷感。十二律中的夷則律配陰曆七月（黃鐘配十一月，大呂配十二月，餘類推）。用八卦代表八方，如《尚書．堯典》：「分命和仲，宅西，曰昧谷」。鄭玄注：「西者，隴西之西，今人謂之兌山。」兌表示西方。宋徽宗時在汴京禁城的東北方，修土山，稱為「艮嶽」。艮表示東北方。

## 四、在習俗方面

如古代許多詩文中所涉及的古代婦女的裝飾問題，從南北朝至唐宋時代，富家婦女往往在額畔或額間加「花黃」。花黃又稱額黃、鴉黃或蕊黃，大概是用花蕊製成的黃粉描畫而成的。古代相傳，南朝宋武帝的女兒壽陽公主，有一天在屋簷下睡覺，梅花飄落在她的前額上，留下了花瓣的痕迹。時人仿效，稱為梅花妝。這只是一個故事，但可以說明當時婦女的前額上已有梅花形的裝飾。梅花是蠟黃色的。梅花妝可能就是花黃。南朝梁陳文學家徐陵《奉和咏舞》詩說：「主家能教舞，城中巧畫妝。低鬟向綺席，舉袖拂花黃。」這裏說「畫妝」，當指用畫筆蘸黃粉等描畫而言。梁簡文帝《美女篇》說：「約黃能效月，裁金巧作星。」他作的其他詩中也有「約黃出巧意」、「生情新約黃」等語句。約黃，大概是用黃粉描畫的意思，可以摹繪成月形。裁金，不知究竟如何解釋，大概也是指用黃粉描畫而言，又可以摹繪成星形。北朝民間故事詩《木蘭詩》，寫木蘭結束了征戍生活，回到家中，「脫我戰時袍，著我舊時裳。當窗理雲鬢，對鏡帖花黃。」「帖」原來有附著的意思，在這裏似乎不應解釋為黏貼，還是指描畫塗飾而言。

唐初詩人盧照鄰《長安古意》詩，描寫唐代長安貴族婦女的裝飾說：「片片行雲著蟬鬢，纖纖初月上鴉黃。」鬢髮虛起，如透亮的蟬翼，如輕盈的行雲，而額間又出現了彎彎的新月。這裏所說的「鴉黃」即額黃。晚唐詩人皮日休《白蓮》詩，寫盛開的荷花中黃蕊鮮豔，「半垂金粉知何似，靜婉臨溪照額黃」，像人臉上的額黃一樣。當時的社會這種風俗不僅反映在大量文學作品中，而且也表現在唐代壁畫裏。下圖的供養人和侍女中有六個人梳著高髻，但髻上的裝飾不同，顯示出不同的身分。第二人「女十一娘」額間有圓月形，眉梢有圓點，這都是額花；口邊又有花鈿，當時稱為「妝靨」。又如唐末詞人溫庭筠《菩薩蠻》詞，描寫貴族婦女的衣服說：「新帖繡羅襦，雙雙金鷓鴣。」這裏的「帖」字似乎應解釋為它的引申義即繡成或做成的意思。我們對這種花紋很難憑空想像。敦煌莫高窟唐代和宋初壁畫中的女供養人像，外衣大翻領上繡著一對或兩對對稱的鷓鴣鳥，有的在袖口上也繡著一對。藝術史研究者認為，這種花紋和溫庭筠所描寫的應有相似之處。

提出這些事例只是為了說明古代文化史知識的豐富多彩，目的在於引起讀者的興趣和重視。這類問題，有的是大問題，但更多的是瑣細問題，都是在古代文史書籍中常遇到的。我們今天研究古代文化史，有了優越的條件。許多同志對這類問題有興趣，刻苦鑽研，已經提出廣泛而深入的研究成果，今後還會作出更多的貢獻。

*敦煌莫高窟130窟都督夫人太原王氏供養羣像（盛唐）*

注釋

①《漢書新證》三八六頁。

# 周勃爲什麼要闖入北軍

## ——談西漢的南北軍

／許樹安

西元前一八〇年，西漢王朝的最高執政者呂后病故，於是外戚諸呂結黨欲謀叛亂，朝中大臣狐疑不知所從。正當西漢劉家王朝處於存亡危急的緊要關頭，朝內太尉周勃、丞相陳平等人協力誅殺了呂黨，終於平息了這場叛亂。就在呂后剛剛病死的時候，以相國呂產為首的諸呂打算立即發動政變，這時太尉周勃決定首先控制北軍，以武力作後盾對抗呂氏。但是由於沒有皇帝頒發的符節，周勃無法進入北軍營壘。恰好這時主管符節的長官紀通前來投靠周勃，於是周勃利用紀通手中的符節，假託朝廷旨意，闖入了北軍營壘。同時周勃又派人做說客，慫慂掌握北軍的上將軍呂祿把軍權交出來。昏庸的呂祿果然把行令的將軍大印交給了周勃。周勃有了兵權，當即命令北軍的士兵們：「擁護呂氏的人右袒，忠於劉家的左袒！」軍士們都表示願為劉氏王朝效忠。這樣，周勃便坐鎮北軍，爭取了南軍的支持，很快地誅殺了相國呂產等人，粉碎了諸呂的反叛。接著又迎立代王劉恆入繼，是為漢文帝。周勃等人利用北軍實力擊敗了分裂勢力，維護了劉氏王朝的統治，對於保證國家安定統一、發展生產是有積極意義的。但是周勃為什麼要想方設法首先控制北軍呢？

原來，西漢的軍隊分為地方和中央兩種。地方部隊由郡守（太守）、郡尉（都尉）或諸侯王國的相、中尉統管，而中央的部隊則分設南、北軍。

南軍由衛尉統領，任務是守衛皇城、離宮、陵園以及在京城的中央政府機關。南軍的士卒稱衛士，由各郡國輪番徵調，人數不過兩千人左右。南軍以其在北軍之南而得名，因分散駐守在各個防地，故此沒有集中的營壘。

北軍駐紮在京城長安。武帝太初元年（西元前一〇四年）以前由中尉統領。北軍以其營壘處於未央宮北而得名。西漢前期，北方邊境受匈奴騎兵的侵擾十分嚴重，有時匈奴游騎侵入縱深幾達京畿。因而北軍對於加強防衛長安及其周圍的三輔地區（京兆尹、左馮翊、右扶風）負有重大責任。北軍士卒多由三輔地區選調。

南北軍相比較，北軍人數眾多，且有營壘。據《漢書．高帝紀》載，高帝十一年，淮南王英布反，「上乃發……巴蜀材官及中尉卒三萬人」。又《漢書．王溫舒傳》說，王溫舒為中尉，「……請覆中尉脫卒，得數萬人作。」意思是，請求核查脫漏的本當服役北軍的士卒，結果查出幾萬人。可見北軍兵額總須以萬數，這是一支實力雄厚的作戰部隊。因此掌握北軍，無論對於漢朝皇帝維護其統治地位，還是臣屬企圖篡奪中央政權，都具有舉足輕重的關係，太尉周勃為了粉碎諸呂叛亂，首先設法進入北軍營壘、掌握北軍兵眾，自然是合乎邏輯的重要一著。同樣地，當呂后的妹妹呂須要聽說呂祿自動交出將軍大印、放棄了對北軍的指揮權時，不由得火冒三丈，氣沖沖地責罵呂祿說：「你身為將軍，卻放棄軍隊的指揮大權，只怕咱們呂氏今後再也難保生存了！」隨後呂須要把家中所有的珠玉寶器盡情拿出來散發給外人，說：「再留著這些也沒有用處了。」這表明呂須要倒是個有見識的女子，她很懂得北軍的重要作用，僅憑呂祿放棄北軍這一點，便已斷定呂氏必敗。

漢武帝時，為了加強中央集權統治和適應連年抗擊匈奴、開拓疆域戰爭的需要，又進一步擴大北軍，在其中建立了一支終身為伍、非輪番服役的部隊，這就是增置八校尉。八校尉中，中壘校尉統管北軍營壘內的日常軍務，其餘七校尉，分別統領七支特種兵部隊，屯駐於長安及京畿地區。這七校尉是：

屯騎校尉：掌訓練騎兵作戰。

步兵校尉：掌上林苑門之屯兵。

越騎校尉：掌由東甌、閩越、南越所謂三越降漢士卒建成的部隊。

長水校尉：掌屯駐在長水（今陝西藍田縣西北）及宣曲（宮名，在漢長安縣昆明池以西）之胡騎，由降漢的匈奴騎兵組成。史書中對它們又分別稱為長水胡騎和宣曲胡騎。

胡騎校尉：掌屯駐在池陽之胡騎，亦由降漢的匈奴騎兵組成。武帝以後，胡騎校尉不常設。

射聲校尉：掌弓弩部隊。

虎賁校尉：掌戰車部隊。

北軍的不斷擴建，使得統領北軍的中尉的軍權也相應擴大起來。這對皇帝的統治地位不免漸成威脅，對於具有雄才大略的封建專制君主漢武帝來說，更是難以容忍的。因此到了太初元年，漢武帝決定撤銷中尉對北軍的指揮權。這時北軍，一方面由中壘校尉掌管其營中日常軍務，同時由朝廷派遣監軍使者（又稱監軍御史）駐在北軍營中以監其軍。凡調動北軍的人，須持朝廷頒發的符節交監軍使者察驗。

北軍兵力的增強，使它的重要地位有增無減。漢武帝時太子劉據的一次未遂政變，就是由於沒有北軍的支持而歸於失敗的。武帝晚年，常懷疑有人用巫祝詛咒他、圖謀不軌。於是派兵對上林苑和長安城進行大規模搜捕，這就是所謂的巫蠱之獄。水衡都尉（九卿之一）江充因為曾經罪過太子，這時乘機買通巫者至太子宮中掘蠱，挖出了桐木人，以此誣陷太子，說武帝老年多病是由於太子作祟。太子劉據感到自己的性命旦夕難保，乘武帝尚在甘泉離宮避暑的機會，先使人捕殺了江充，然後和居住在長樂宮的皇后串通，在京城長安發動政變。他們揚言要討伐「陰謀叛亂」的江充，調動了長樂宮衛士，並且利用皇后的車馬載著弓箭手們殺奔丞相府來。頓時與丞相劉屈氂的兵卒開戰，長安城中一片大亂。這時武帝得到消息，急忙從甘泉離宮趕到長安西郊的建章宮，一面調動三輔近縣的軍隊，準備彈壓；一面命令丞相堅閉城門，以牛車為楯，避免與太子兵眾短兵相接、等待外援。太子劉據也在調兵遣將。他假託武帝詔令，赦免了長安諸官府在押的囚徒，打開武庫把兵器散發給他們，權且擴充自己的部隊。更重要的是，派人持節去調動長水和宣曲的匈奴騎兵，並且親自到北軍營壘前，用赤節請當時的監北軍使者任安調發北軍兵將支援自己。但是任安知道太子有詐，他接受了太子的赤節，卻緊閉軍營大門，拒絕響應太子。這時，太子派去調動長水、宣曲胡騎的人在半路也被人截殺了。這樣一來，太子方面就暴露出勢孤力單的弱點。雖然太子最後驅趕了市內民眾數萬人鏖戰了五天，「死者數萬人，血流入溝中」，但是這些烏合之眾的戰鬥力很有限，終究慘敗。太子劉據倉促起事，落得身敗名裂，其主要原因之一，就是在軍事上沒有得到北軍的響應和援助。

西漢後期，皇權旁落，外戚勢力日張。自成帝時王鳳開始，外戚王氏一家「凡九侯五大司馬」，劉家皇位受到極大威脅。這時宗室劉向上書指斥王氏秉持朝政、驕奢僭盛、作威作福，並且建議成帝黜遠外戚，毋授以政。成帝聽了正中下懷，於是任命劉向為中壘校尉，要他控制北軍，以圖與外戚王氏抗衡。但是由於當時西漢王朝走向衰亡已成歷史趨勢，再加上劉向始終受到貴戚們的壓制，未能利用北軍有所作為，終於釀成王莽篡位的結局。不過從中仍然反映出，北軍的實力在漢朝統治者心目中占有重要地位。

另外，史籍中還常常反映出北軍與監獄有關。這是因為北軍中的確沒有特種監獄。據《漢儀注》記載，中壘校尉下設尉一人，「主上書者獄」，凡臣民上書皇帝，若是內容有嫌礙違法之處，便被逮送北軍，由北軍尉依法制裁。所以劉向曾經批評時政說，如今「章交公車，人滿北軍」，意思是向皇帝進諫忠言的人們把奏章紛紛送到公車府令（衛尉屬官，掌傳遞吏民上書陳事）那裏，但許多人卻反而因此獲罪被逮入北軍，致使北軍監獄有人滿之患。又據《漢書．江充傳》記載，漢武帝十分寵信江充，派他做直指綉衣使者（一種特命的監察御史）「督三輔盜賊，禁察踰侈」。於是江充對那些權臣貴戚毫不留情，凡是在車馬服飾等方面超出體制規定的人，都被江充沒收了車馬，本人逮入北軍準備發配北邊去與匈奴作戰。這樣一來，當朝顯貴們十分惶恐，要求用錢贖罪。漢武帝答應了他們的請求，要他們依照官秩高低折錢送到北軍。北軍為此一下子入錢千萬。這也是北軍有監獄的例證。

西漢的南北軍制度，東漢仍然保留，不過編制等有所改動。

# 明清玉堂之署

## ——翰林院

／趙　洛

封建時代，選拔人才由科舉考試，一舉成名的狀元照例入翰林院，為修撰。第二、三名的榜眼、探花也授編修等。而進士中考試好的為庶吉士，入庶常館學習，三年期滿，考試散館（畢業），也授翰林院編修或檢討，所以翰林是讀書人科考中選拔出尖子中的尖子。清翰林品級雖不甚高，但也掛朝珠，穿貂鞋，是很特殊的。

明代朱元璋規定不設丞相，皇帝自己裁決，卻讓翰林備顧問，作智囊。成祖以官階較低的翰林入皇宮午門內值班為內閣成員。所以明高拱說：「雖無宰相之名，有其實矣。然皆出自翰林。」

從唐明皇開元以來，設翰林學士作皇帝的近侍，作文學侍從之臣，起草詞翰文件，流傳下來，翰林成了重要的接近帝王的朝官。明代翰林經過升遷成為內閣首輔——實際的宰相，清代入閣拜相的絕大多數由翰林出身。

而且明代的翰林充經筵官，給皇帝講書。康熙明文規定不是翰林出身的不得作經筵官，不能成為名譽上皇帝的老師。清代掌文詞翰墨的南書房行走和皇子師傅的上書房行走都要由翰林充任，只有翰林才稱為「太史」，一般非翰林出身，死後不得謚以「文」字，可見翰林地位不同一般了。

明清的翰林院設在御河橋靠東長安街（今正義路北向西拐彎地），從前東邊鄰近玉河。大門向北開，四面有牆。從《唐土名勝圖繪》可以看出，有三重門，第三座門叫登瀛門，意思是翰林好似登瀛州，到了仙境。漢代待詔於玉堂殿，唐代待詔於翰林院，所以以後翰林院也叫玉堂署。

進入頭一進是署堂，為七開間的廳堂，堂中設有大學士、侍讀學士、侍講學士公座。西邊五間廳堂叫讀講廳，東邊也有五間廳堂叫編檢廳。西還有狀元亭，東有韓昌黎祠。

再進去是七開間的穿堂，西邊五間廳堂叫待詔廳，東邊的叫典簿廳。

再進去是後堂，五開間，向南，中設寶座，是專為皇帝來院時坐的。後堂東西兩邊長屋是藏書的庫房，後堂南還有一所明代命名的敬一亭。亭南是南門。再往南是後門。

院東邊靠近玉河，挖了池塘引水種荷花，養蓮藕，是一個休息園林區。明代學士劉定之挖了一口井，叫劉井。有學士柯潛蓋了一個亭子，叫柯亭。劉井東還有一排房叫清祕堂——原為東齋堂，因乾隆賜了一塊「集賢清祕」的匾，才改稱清祕堂。更東臨水，南建寶善亭，北有成樂軒。這裏軒窗豁亮，樹木蔭蔽，有假山池沼，是讀書寫作的好地方。

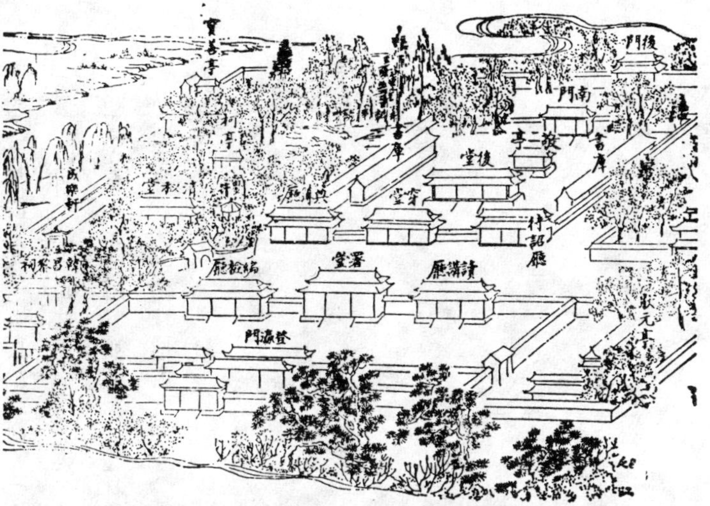


翰林院圖（錄自《唐土名勝圖繪》）

翰林院之所以引起我們的興趣，是因為明清的重臣宰輔大都從翰林院出去，翰林院一向被認為是儲材的地方。讀書人來這裏升官也快。《道咸以來朝野雜記》記：「道、咸間，士人多以點翰林為仕官捷徑，由編修、檢討十年可至侍郎，雖未必盡然，亦差不多。」

翰林院和文史的關係至深。明清都以翰林院掌國史，修實錄，作起居注的官。我國自古重史官。漢法，天下計書，先上太史公，副上丞相。唐宋宰相皆兼史官。

翰林又作會試、鄉試的考官，充各省的學政，關係科舉考試。

翰林又一個重要任務是編校圖書。如《康熙字典》的編纂人都是翰林或出身翰林的。乾隆三十八年，四庫全書館即設在翰林院內。原心亭、寶善亭和西齋房都成了校對的地方。

由於翰林院是比較重要和清閒的機關，所以被認為是清要、清祕之處，來到這塊地方好比登上瀛洲入仙了。乾隆曾經作詩云：「咫尺玉堂清切地，底誇瀛島說登仙。」錢龍錫初來寫詩：「妙選金閨彥，登茲白玉墀。」程敏政詩：「金殿當頭玉堂署，十二朱廊隱宮樹。」入翰林院都有一股得意的心情。年輕入翰林後回家娶妻，繪玉堂歸娶圖，徵詩，傳為佳話。而以不入翰林為憾。清朝每隔四、五年，臨時宣布考試，翰林侍講學士以下都得應考。成績三等以下的，要降調、罷斥。所以民間傳言，「翰林怕大考」。《孽海花》還寫翰林聽說要大考，急得尿流，反映了民間對翰林的看法。

# 「內閣」的由來

／鄒身城

目前一般報刊，對各國最高行政機關，往往稱為「內閣」。不管是首相制或者是總理制，當他們組成政府部門的核心時，總稱之為「組閣」。為什麼要譯成「內閣」？內閣這個詞有什麼出典呢？作者略作考查，試言其始末。

最早是在唐玄宗時，開始在宮廷內閣設置翰林學士，這原是一般行政系統以外的差遣，不計官階，也無官署，只是在宮廷內的學士院住宿，以待皇帝不時宣召，代皇帝起草文件。當時李白就任過這個官銜。直到唐德宗以後，翰林學士這個職務才日趨重要，由於兼有顧問、幕賓、清客的身分，整天不離皇帝左右，常有進言的機會，有希望參與政務，直至升任宰相，所以為仕途中人所羨慕。後來習慣以翰林學士為清要之選，幾乎不由翰林出身的人就不能正式拜為丞相。

宋代進一步擡高了翰林學士的地位，設立翰林學士院，與實際掌政權的政事堂（中書門下）樞密院居平等地位。翰林學士知制誥即以代皇帝撰文告為專職，有的稱「承旨」。冠翰林之名而不屬學士院的，有翰林侍讀學士、侍講學士。這些所謂經筵官，以在皇帝左右進講書史為職。皇帝很需要收羅這批飽學之士作為「智囊」，故倍加恩寵。此後，凡執政大臣，多授予某某殿大學士的榮譽銜，以表示尊崇。

到了明代，開國皇帝朱元璋鑒於歷代宰相職權太重，容易對皇帝的統治形成一定的威脅，決定永遠廢除宰相一官，並撤銷中書省、尚書省，改由六部尚書分擔國務，直接受命於皇帝，以期權力高度集中。但是皇帝個人畢竟不能萬事都通曉，又不得不在殿閣之內詔集一群顧問。洪武十五年，仿照唐宋舊制，設置華蓋殿、武英殿、文華殿、文淵閣、東閣諸大學士，以其常授餐於「大內」（天子宮殿之內），常侍皇帝「殿閣」之下，起宰輔的作用，為避宰相之名，故名為「內閣」（見《明史．職官志》）。

但內閣既非官署，亦非官名。開始時只是簡任文臣入閣，參與機務。這些文人原官品級不高，亦無官署，不能直接指揮行政，與唐代翰林學士性質略同。以後這些人逐漸升遷、得寵，卻仍帶著某某殿閣大學士之名，才有了內閣的正式辦公處所。大學士本身品秩雖只五品，而其所升任的官職往往可至尚書、侍郎，內閣的地位才逐步提高到六部以上。到了這地步，內閣就又有似於唐代掌朝政的中書門下省重臣的地位了。唐代的中書門下省官互稱閣老，於是明代之大學士也被一般人尊稱為「閣老」。

清初因循明制，建立內閣。但自雍正時設立軍機處後，內閣不再干預機務。至宣統三年，將舊軍機處併入內閣，設總理大臣，並以各部大臣為國務大臣，恢復內閣的形式，成為行政最高機關。民國初，改稱國務院，設國務總理，以各部總長為國務員。一般人照舊習慣仍稱之為「內閣」。

至今人們稱呼各國處理國家政務的最高行政機構，仍多按此習慣稱為內閣。內閣一詞已成為政府首腦部門的代稱。

# 達賴、班禪名號小釋

／曾文瓊

達賴與班禪是西藏喇嘛教黃教教派的兩大首領。達賴的全稱是「聖識一切瓦齊爾達喇達賴喇嘛。」「聖識一切」是漢語，係指受封者的佛學知識博大精深、無所不知；「瓦齊爾達喇」為梵文，原意為金剛菩薩，有堅強、不壞的意思；「達賴」是蒙語，意為大海；只有「喇嘛」才是藏語，意為「上人」，與漢語稱佛教僧人為「和尚」的意義相同。整個稱號的大意是：無所不知的堅強的像大海一樣偉大的和尚。班禪也是簡稱，最初稱「班禪博克多」，後又加封「額爾德尼」名號。其中「班」就是梵語「班弟達」的簡稱，印度稱學識高深的學者為「班弟達」；「禪」是藏語「大」的譯音；「博克多」係蒙語，為智勇雙全之意；「額爾德尼」是滿語，意為珍寶。全稱意為智勇雙全的珍貴的大學者。

達賴與班禪的名號由梵、漢、蒙、藏、滿多種語文混合而成的這一事實，不僅反映了宗教上的淵源，更重要的，它生動地證明了它在政治上和我們統一的多民族國家有著深遠的歷史聯繫。

那麼，達賴與班禪的名號到底是怎麼來的呢？這得從佛教傳入西藏說起。

佛教傳入西藏是在西元七世紀，由於歷代吐蕃「藏王崇信佛教」，到吐蕃崩潰前夕，「佛法之盛，印度似亦未有。」但是，吐蕃最後一位贊普（藏王）「達瑪秉性暴惡厭惡正法（指佛教），樂殺嗜酒，國內大亂」，「西藏之聖教遂滅。」十一世紀佛教以喇嘛教形式在西藏復興，但由於封建農奴主之間的分裂割據，致使喇嘛教支系繁衍，流派增多，且各自標榜，門戶之見甚深，大則有噶舉（白教）、薩迦（花教）、寧瑪（紅教）、本波（黑教）之分，小則在各派之下，又各有支系，儘噶舉派就有四大支八小支之別。到了明末清初，新興的格魯巴（黃教），後來居上，一舉統治了整個西藏。達賴和班禪就是這個教派的首領。

黃教，是宗喀巴進行宗教改革後形成的一個新教派，至今已有五百七十多年。但達賴和班禪的正式命名，卻遠不如黃教歷史悠久。達賴之名，始於第三世達賴鎖南嘉措。

西元一五四二年（明正統七年），哲蚌寺第十任池巴（藏語，意為寺廟首席主持人）根敦嘉措圓寂。此時的哲蚌寺，實力雄厚，是黃教的大本營，寺內池巴實際是整個黃教的領袖。當時西藏的政治和經濟形勢，需要一個固定的、統一的首領人物。於是，哲蚌寺僧眾於西元一五四三年在前藏堆壠地區找到了一個三歲農家小孩，認為是根敦嘉措的轉世靈童。這就是所說的活佛轉世制度。

活佛轉世制度始於元朝十三世紀末葉，係噶舉派噶瑪巴支系為解決其首領人物的繼承所創設。後為黃教所採用。據記載，黃教採用這種制度手續極為繁瑣。首先打卦問卜，提出靈童出生方向、特徵；再派專人外出明查暗訪；又派高僧往曲科甲地方的聖母湖中去看顯影，是否與湖中反映的靈童特徵相符。尋到靈童後，還要把前世達賴用過的遺物叫嬰兒識別，如嬰兒隨手抓到的東西是前世達賴用過之物，證明靈童確屬前世達賴。若按上述辦法同時找到幾個靈童，則需鑑別誰真誰假，辦法是把他們的出生年月寫在特製的簽上，放入清王朝特製的金瓶內，在駐藏大臣的監督下製簽，中簽者為真達賴。幾個靈童的產生，反映了世俗貴族權力之爭。金瓶製簽，是清王朝用來緩和西藏貴族之間的矛盾的一種措施。

根敦嘉措的轉世靈童法名鎖南嘉措。他非常聰敏，十二歲便能在傳招法會中宣講佛經，眾僧嘆為稀有。加上他又是灌頂國師阿旺扎西扎巴的老師，使他在整個西藏享有崇高的聲望。著名的蒙古族土默特部的首領俺答汗，慕名邀請他去蒙古地區傳法。西元一五七七年（明萬曆五年），鎖南嘉措動身前往青海、康區講經。他穿過荒無人煙的草原，翻越白雪皚皚的高山，最後到達青海。青海「原有宰殺牛羊祭天之惡風，每年殺生不可數計，由師善巧說法，感化悔改，令住善業。」（《西藏民族政教史》）在俺答汗的支持下，青海地區的蒙古、藏等族人民，也普遍信奉黃教。西元一五七八年（明萬曆六年），俺答汗為了感謝鎖南嘉措的佛法功德，特贈「遍知一切瓦齊爾達賴喇嘛」的尊號。「達賴喇嘛」之名實從此始。這稱號原專指鎖南嘉措，但後來黃教寺院集團又追認鎖南嘉措的前世喇嘛根敦嘉措為第二世達賴；追認根敦嘉措的前世、宗喀巴的最末一個弟子——根敦朱巴為一世達賴。鎖南嘉措則排為三世達賴。因鎖南嘉措係哲蚌寺之池巴，所以哲蚌寺便成為整個黃教寺院的母寺。

此後，鎖南嘉措又隨俺答汗去蒙古地區傳經講法。行至甘州（今甘肅張掖）時，他給明朝宰相張居正上書，其文曰：「釋迦牟尼比丘鎖南嘉錯（措的同音異譯）賢吉祥，合掌頂禮朝廷，欽封干大國事閣下張：知道你的名，顯如日月，天下皆知，身體甚好。我保佑皇上，晝夜念經……祝贊天下太平……壓書禮物：四臂觀音一尊，氆氌二段，金剛結子一方。」（《張文忠公全集．奏疏》卷八）這封信是達賴和中央政權建立聯繫的開始。它表明黃教勢力的首領人物不斷向明朝中央政權聯繫靠攏，說明西藏自元朝歸入中國版圖以來，藏漢兩族人民間的友好關係不斷發展，西藏地方和中國內地關係日益緊密。西元一五八五年（明萬曆十六年），鎖南嘉措還準備到北京向明神宗朝貢，但不幸於三月病死於內蒙古途中。

鎖南嘉措雖然已被尊稱為「達賴喇嘛」，但並未得到中央王朝的御封，因而還不能算合法。西元一六一六年（明萬曆四十四年），四世達賴雲丹嘉措圓寂後，三大寺喇嘛於次年在前藏瓊結宗找到轉世靈童，這就是著名的五世達賴喇嘛羅桑嘉措。

五世達賴時，西藏正被信奉白教的噶馬王朝所統治。由於黃教功成名遂，白教早已不滿。噶馬政權曾多方阻止其發展，四世達賴死後，竟不惜下令終止其轉世。後經曾醫好第悉藏巴（藏王）重病的四世班禪苦苦勸說，達賴轉世才繼續下去，但並未停止對黃教排斥打擊的方針。黃教在這生死存亡關頭，不得不採取反抗措施。五世達賴與四世班禪祕密派人前往新疆，請求信奉黃教的蒙古族和碩特部首領固始汗領兵入藏，消滅異己。

固始汗是黃教的虔誠信徒，亦早有向外擴張之意。他立即答應所請，並於西元一六三七年

（明崇禎十年，清崇德二年）率兵入青海，消滅了信奉白教的喀爾喀蒙古部落首領卻圖汗，占領了全部青海。同年又揮師入藏，推翻了噶馬政權。西元一六三九年（明崇禎十二年，清崇德四年）進軍甘孜，消滅了迫害黃教僧人的白利土司頓月多吉。返藏後幫助五世達賴建立了「噶丹頗章王朝」。自此，黃教集團正式統治西藏，達賴和班禪也正式成為西藏政教的最高首領。

黃教勢力統治西藏以前，歷代達賴均以哲蚌寺池巴身分，長住該寺噶丹頗章宮裏。所以拉薩還算不上西藏首府。因為自吐蕃王朝崩潰，經過四百年戰亂後，在元王朝支持下建立的薩迦王朝，其首府設在後藏薩迦縣。繼薩迦後建立的帕竹王朝，將首府遷往前藏乃東。噶馬王朝首府設在日喀則。五世達賴執政後，才又將首府遷回拉薩，並重建布達拉宮。此宮初建於松贊干布時代，規模亦小，幾經戰亂，僅存觀音堂一所。重建的布達拉宮就是以觀音堂為中心，東西兩側建立白宮，以後又由藏王桑結嘉錯增建正中紅宮及上下經殿房舍，甫成今日宏偉壯麗的布達拉宮。

清初，順治帝特別關心西藏。曾派專使進藏敦請五世達賴來京會晤。西元一六五二年（順治九年），五世達賴入京，受到順治帝的隆重歡迎，特為其新修黃寺，並賞賜黃金、白銀、大緞、珠寶、玉器、駿馬各若干。次年達賴因水土不宜，返藏。順治帝隆重餞行。回藏途中，順治帝又專派特使，攜帶以滿、漢、蒙、藏四種文字刻寫的金冊金印，敕封達賴為「西天大善自在佛所領天下釋教普通瓦赤喇怛達賴喇嘛」。自此，「達賴喇嘛」這個封號為全國所公認，其在藏的政治地位也由此而得到鞏固。

班禪一名的確定，比達賴稍後。西元一六四五年（順治二年），固始汗為了削弱、分散五世達賴的政教權力，同時也是為了鞏固他在藏已得的政治地位，贈給曾參與推翻噶馬政權的扎什倫布寺池巴羅桑卻吉堅贊以「班禪博克多」的尊號，並讓他永駐扎什倫布寺。這就是班禪名號的正式開始。班禪羅桑卻吉堅贊圓寂後，扎什倫布寺也開始採用轉世制度，並向上追認三世。一世班禪名克朱節，係一世達賴的二師兄。二世班禪名鎖南卻朗，三世名羅桑頓珠，後兩人同是後藏安貢寺的小活佛。羅桑卻吉堅贊則被稱為第四世班禪。

西元一七〇九年（康熙四十八年），清政府因廢立六世達賴倉央嘉措引起波動，康熙帝為了安定西藏人心，於西元一七一三年（康熙五十二年）正式敕封五世班禪為「班禪額爾德尼」，並賜金冊金印。還規定班禪的轉世和達賴轉世一樣，也需經中央批准。從此，班禪封號在政治上得到中央批准，為天下所公認。

從藏漢史籍記載可以看出，一世達賴和一世班禪同是黃教鼻祖宗喀巴的高足，在黃教歷史發展中，他們和他們的繼承者互為師徒，和睦相處。自帝國主義侵藏後，這個友誼遭到破壞。到了民國年間，由於英帝國主義者從中離間，十三世達賴竟逼使九世班禪逃亡內地。解放後，達賴與班禪才又重新團聚在西藏。

# 清代軍機處漫談

／宋元強

凡到北京故宮遊覽的人，都會被那金碧輝煌、巍峨莊嚴的宮殿群所吸引，而在隆宗門內高大宮牆的下面有幾間低矮而普通的瓦房，卻往往為人所忽略。豈不知，這裏正是清代權勢煊赫的全國政治中樞——軍機處的所在地。

軍機處是封建專制皇權步步加強的產物。談起它，首先使人想到我國古代的宰相和內閣制度。

宰相的設置，始於春秋、戰國時代。秦漢建立大一統的國家後，皇帝雖然至尊，但也要有人輔佐，宰相之制便沿襲下來。宰相上對皇帝負責，下為「百官之長」，權力相當之大。不過歷代宰相的職權範圍和對他們的具體稱謂，是不同的。君權、相權間也屢有權勢之爭，總的趨勢是君權日張，相權日消。朱元璋建立明朝後，開始還用宰相佐政，但他權勢慾重，猜忌心強，惟恐朱姓天下難以久長，遂藉口左丞相胡惟庸和大將軍藍玉等「謀反」，發動鎮壓，前後十餘年內，殺戮功臣宿將四萬多名。最後還敕諭群臣：今後倘有奏請設置宰相者，「論以極刑」。歷史上沿用了一千八、九百年的宰相制度，至此廢除。朱元璋雖然獨攬了權柄，但又發生了新的問題，他每日需要批閱的奏章就有兩百份，此外還有四百件公事要親自處理。一個人的精力有限，日理萬機，談何容易?!迫於無奈，只有挑選些有才學的官員到內廷辦事，稱「殿閣大學士」。朱元璋死後，「內閣」成了正式的政府機構，大學士也漸漸成為事實上的宰相。不過，「內閣」的地位比往日的宰相終究遜色一籌：宰相有定員定制，是法定最高政務長官，統管六部；內閣則無定員定制，是皇帝的「顧問」和「助手」，不統領六部，職權大小隨皇帝的意見而定。內閣代替宰相，標誌專制主義皇權進一步強化。

清王朝是滿族統治者建立的政權，它的前期，經歷了順治、康熙、雍正、乾隆、嘉慶、道光數朝，一切制度大體沿襲明代而又有所變動。內閣在名義上仍是最高政治機構，大學士的地位很高，為正一品，但實權卻遠不如明代了。順治時，由皇帝指派親王、八旗旗主等滿族貴族組成「議政王大臣會議」，處理重大機密事務，權力遠在內閣之上。康熙時，因「議政王大臣會議」分散了皇權，成員又都是貴胄世爵，不諳政事，便刻意削弱它的職權。這時，隨著全國統一局面的形成，最高統治集團內的權力角逐，日漸激化，康熙末年更爆發了一場爭奪王位的大搏鬥。到了雍正帝執政的時候，為了鞏固統治，便進一步擴大和強化皇權。他在自己的寢宮，親手寫下一副對聯：「原以一人治天下，不以天下奉一人」。「以一人治天下」是他的政綱，為此一方面羅織罪名，無情地剪除政敵；一方面尋找機會，準備從制度上進行變革。

這時正值對西北準噶爾部用兵，軍報緊急頻繁，必須迅速而慎密地處理。可是，內閣距宮禁太遠，往來不便，那裏耳目又多，易於洩密。因此雍正八年（西元一七三〇年）便在宮內隆宗門附近建板屋數間，稱軍需房，辦理機密事務，後來又改名為軍機房、軍機處。西北用兵告畢，軍機處並未裁撤，因為它已成了專制君主的得力工具，職權反而大大擴充。乾隆上台後同樣主張：「權衡悉由朕親裁。」並把軍機處的板屋，改成今日大家所見的磚瓦房。嘉慶時，更是稱頌：「我朝列聖相承，乾綱獨攬。」故而有助於君主專權的軍機處，便綿延而下，存在了一百八十年，直到辛亥革命前夕，才為「皇族內閣」所取代。

軍機處是個很特殊的、「一不四無」的政權機構。它不是法定的、獨立的政府衙門，而直接附屬於皇帝之手。它無官署（只有值班辦事的地方，稱「值盧」，隆宗門內的瓦房便是），無定員，無專官，無屬吏。人員由皇帝自己從親王、重臣中揀選，均是兼職，按資歷地位分別稱為軍機大臣、軍機大臣上行走、軍機大臣上學習行走等，統曰「軍機大臣」，俗稱「大軍機」。人數不定，少時三人，多時六、七人，內中為首者，稱為「領班」或「首樞」。始初，每日只有「領班」見皇帝，後來改變了。這裏還有一段故事：乾隆時，納親為領班，他能強記而不太通文墨，每傳一旨，先令人撰擬，但惟恐有不當之處，使自己蒙受罪責，因此便叫再撰。有屢屢更易而仍用初稿的時候，代擬者也不敢計較。後來傅恆為領班，擔心皇帝說他「專擅」，乞命由「獨見」改為軍機諸大臣「同見」，自此成為慣例。封建時代專制皇帝的無上威嚴，王公大臣誠惶誠恐的心理，於此可見一斑。軍機大臣一般是六、七十歲的人，更有年逾八旬的，因此另外挑選「人品端方、年富力強、字畫端楷」的官員充任「軍機章京」，俗稱「小軍機」，主要是草擬諭旨和繕錄文稿。小軍機人數也不定，乾隆時滿漢兩班各八人，嘉慶時增至四班三十二人，每班有領班，滿語呼為「達拉密」。

軍機處的職掌是什麼呢？我們可以概括成八個字：總彙機要，承旨出政。從中央內閣、六部、卿寺，到地方各省、駐邊將軍、辦事大臣乃至四鄰諸國的公文、奏報，各級官員為公私要事呈上的奏摺，無不彙集於此。每日清晨五、六時之際，軍機大臣便要晉見皇帝，依次長跪，陳述和商討軍國大事，得到皇帝的指示後，退回「值廬」，或對呈文進行覆核、審定，或撰擬諭旨下達。諭旨分兩類，一類是「明發上諭」或「明諭」，交內閣抄發給有關衙門和官員辦理；一類是「寄信上諭」或「密諭」，不經過內閣，寫畢密封，加蓋印信，由兵部派驛馬傳遞，直送某省某官開拆。

在承旨出政之中，軍機處特別干預了用人之權。凡屬文武高級官員，諸如大學士、六部、督撫、將軍、學差、主考、駐外使臣等，都由軍機處開單請旨，爾後皇帝「欽定」。相當一部分中級官員，需特旨簡放的，也操縱在軍機大臣之手。官吏凡在「軍機處記名」的，就表示快被提升了，遇有實缺，也要由軍機大臣奏請皇上發放。此外，凡是盛大典禮的組織、重大案件的審理，也常有軍機大臣參加。至於「方略館」和「內繙書房」，照例是由軍機大臣主持其事。方略館是將重大軍事和政務事件，詳述始末，記載成書；內繙書房則是辦理滿、漢文件的互譯。

軍機處辦起事來的特點，一是「速」，二是「密」。除每晨例行的謁見請旨外，晝夜都有人在「值廬」恭候，以備接見，從不誤事。皇帝外出巡幸、謁陵、避暑，都有軍機大臣相隨，因此像隆宗門內那樣的軍機處值廬，他處也有。每日奏摺無論是幾十件或上百件，或明發或密諭，一律當天辦完，從不耽擱一日。「密諭」的傳遞速度，十分可觀。只要軍機大臣在信封上註明，一日便可行三百里、五百里，甚至「加快六百里」，快捷程度，前代罕有。軍機大臣掌握機要之事，因此皇帝接見他們時，左右太監要一律退出。可是，進出門時不是要掀簾子嗎？這件事也只得由軍機大臣中的末一位來擔任，因此當時有「挑簾軍機」之稱。軍機處的值廬是機密重地，不准閒人窺伺。內中使用的雜役人員，都是十五歲左右不識字的幼童，俗稱「小么兒」。皇帝經常派人在軍機處附近稽查、監視，嘉慶時還傳旨：自親王至滿、漢大臣都不得到軍機處與軍機大臣談說，違者嚴懲。軍機處後院有一扇小門，也特旨堵死，大概是防止有人「走後門」吧！

總之，軍機處在清代完全成了至關緊要的政治總樞紐。難怪《清史稿》上說：「軍國大計，罔不總攬。自雍、乾後百八十年，威命所寄，不於內閣而於軍機處。」這時的內閣，只負責辦理日常本章和籌備慶典。清朝末年，內閣更是形同虛設，其官員完全成為「冗員」了。但是，我們也應該看到，軍機處本身並沒有獨立的實權，它「一不四無」，地地道道的是皇帝的附庸，唯唯諾諾地秉承皇帝的旨意辦事，所以它的實際作用是進一步加強了君主手中的力量。君主利用軍機處，完全排斥了「議政王大臣會議」的作用，取代了「內閣」的主要職權，甚至收攬了六部和地方的部分權力，可謂一舉數得。

看到隆宗門內軍機處舊址，使人感到確非簡單，它標誌著封建專制主義皇權發展到了歷史最高峰。

# 清朝的綠營

／羅爾綱

綠營和八旗是清朝賴以進行統治的最重要的支柱和對全國進行軍事鎮壓的工具。綠營兵額常在六十萬左右，八旗兵額實數約二十萬人。綠營兵額既三倍於八旗，而八旗兵到三藩之役之時，又已腐敗不可用，因之三藩的平定，專倚綠營，綠營較八旗尤為重要，也就顯而易見了。綠營以綠旗為標誌，所以叫做綠營。

綠營是清朝入關後就建立的。清朝統治者每逢占領一個地方，就首先接收當地的軍隊，改建為一種由漢兵組成的綠營的軍隊制度。

綠營制度，肇自明代鎮戍之制，是中國近世五百年來最主要的兵制。但清代綠營建制的目的和作用，與明代鎮戍不同，明代鎮戍設在九邊，目的在於防邊，清代綠營，則除東三省（所謂清王朝的「龍興」之地）由於對以漢人組成的綠營存有戒心而不用外，分布於全國各地，其目的在於厲行其民族統治政策，來鎮壓漢族和各族人民。綠營建制，畫分軍區以為鎮戍。其建立軍區的作用，是為便利作戰。在戰時，每一個軍區的最高軍事長官，有徵調全區兵員的權力。軍區與行政區域不同，建制的唯一原則是以地形為歸，凡有輔車相依的地形則劃為一個軍區，故兩江（江蘇、安徽、江西三省），閩浙（福建、浙江兩省），湖廣（湖北、湖南兩省），陝甘（陝西、甘肅），兩廣（廣東、廣西兩省），雲貴（雲南、貴州兩省），各畫為一個軍區。其直隸、山東、河南三省，清初本為一軍區，設三省總督統之；四川初也與陝、甘合為一軍區，以川陝總督統之；惟山西地形自成一單位，故以一省為一軍區。其後中原平定，直隸、山東、河南都為腹裏，四川也因西北兵事稍定，始各改為以一省為軍區。綠營在邊區新疆、蒙古、西藏都建立屯戍制度，新疆在建省後，又將屯戍制度改而建立經制的營制。

綠營在每一軍區裏面，以「鎮」為單位，作為建立每一個軍區的基礎（惟京師巡捕營專司彈壓地面，不任鎮戍，故稱營不稱鎮，其營制也不建標、協為例外）。每鎮設總兵官一員，為一鎮的主將。總兵官以下的等級是副將、參將、游擊、都司、守備、千總、把總。在總兵官上面設有提督、用以節制軍區內各鎮總兵官。又有巡撫，其兼提督的有節制軍區內各鎮的職權，其不兼提督的也有監視提督、總兵的職權。在巡撫、提督之上，又建立總督用以節制每一軍區內的巡撫、提督、總兵官，為一軍區最高的軍事長官（其不設總督的軍區，則以兼提督的巡撫為最高的軍事長官）。

綠營營制，分標、協、營三大系統。總督、巡撫、提督、總兵官親自統領的叫做「標」。副將所屬的叫做「協」。參將、游擊、都司、守備所屬的叫做「營」。標的任務，是居中鎮守，並備調遣之用。協的任務，是協守本鎮的要害。營的任務，是分守本鎮各地扼要的城邑關隘。凡本鎮中較偏僻的縣邑，或繁盛的市集，則建「汛」來分防。汛兵是從協、營分出的，由千總、把總帶領。

綠營兵種，分為馬兵、步兵、守兵三種。關於兵種平時的編制，是用一種混合的制度，而不是照兵種分編。又綠營制度，步兵拔自守兵，馬兵拔自步兵，這就成為士兵升拔的三個階級。故江海水師作戰不用騎兵，而其兵種仍分馬、步、守。這是綠營制度裏面的一個特殊的地方。

綠營是一種土著的世業的兵制。綠營兵皆土著。土著這兩個字，在綠營制度上有兩種含義：第一，作本地的人解，綠營規定以本地人為兵，不得以外來的人補充。第二，作固定不移解，綠營兵入伍後，便要終生在這一個地方、這一個軍營服役，不得轉移。以土著為兵，他們的家庭就在軍營附近，他們的祖先也生長在這裏，他們從小養成了一種愛家愛鄉的觀念，所以列入軍營後，不敢為非作歹，而易於控制。綠營兵平時在營差操，有戰事徵調出征，事定遣撤歸伍，他們終生與本地牢固地維繫，使他們不得以軍營為傳舍，不得隨將領為轉移，這樣，國家既得養兵之效，並使將帥無從專擅，而國家始得集中兵權。

綠營拔補制度，凡守兵拔於餘丁，無餘丁始募於民。餘丁，是將營中清出火糧收養的營兵子弟，每名月給餉銀五錢，以備出缺挑補。凡餘丁至十六歲以上，就有資格去考補守兵。兵家生齒日繁，子弟眾多，自然考補艱難；而在國家方面說，則不患無挑選的人材。我們試舉一個餘丁考補的故事。後來做到湘軍大將以抗拒太平天國的鮑超，便是從餘丁考補守兵入伍的。他的嗣父鮑昌元為四川夔州協馬兵，道光二十五年（西元一八四五年），鮑超年十七歲，武藝超群，他以餘丁考補守兵缺，當時額缺只有一個，而同應考的餘丁共六十人，經將官營弁幾次揀校，鮑超都是第一，始得入伍。這一個故事，說明了餘丁補缺的困難，而國家拔補守兵則有盡多人材可資挑選。所以定制上雖有無餘丁乃募於民的條例，其實只是一條預備的條文，通常都是以餘丁拔補守兵，而少有另募於民的。我們從綠營制度看來，父兄在伍，子弟為餘丁，守兵缺出，即從餘丁拔補，這樣一代代下去，士兵都出於兵家，實在成為一個世及的職業。所以，綠營兵制，跟徵兵制不同，跟募兵制也不同，我們可以稱它為「土著的世業的兵制」，在中國兵制史上是很獨特的。

綠營兵曰馬兵、曰步兵、曰守兵，各定以額，都註於冊，叫做「兵籍」。清朝中央政府掌管兵籍的機關為兵部。定制各省督撫每年造具兵冊，按實在正額馬、步、守兵為一冊，屯防移駐各兵為一冊，分晰造報，不得牽混，於年終題報。兵丁遇有事故，即開除註冊，按名募補。既募，將所募新兵年貌、籍貫按季造冊，出具並無頂冒印結送兵部。兵籍掌於兵部，是中央收集兵權的第一要著。因為兵部既得掌兵籍，中央握尺籍即可周知全國兵數，舉凡平時的訓練，戰時的徵調，以及不時的稽覈兵馬所防微杜漸者，都由於此。清代在咸豐前，綠營未崩潰，其時全國兵馬，兵部瞭如指掌，故每遇徵調，諭旨一下，各省立刻徵調雲集。到咸豐以後，湘軍興起，各省自募勇營，兵部失其掌握，遂啟督、撫專兵之端。

綠營制度，「將皆選調，兵皆土著」。將皆選調，故不能久任一地；兵皆土著，故兵不得隨將轉。嘉、道時綠營大將羅思舉自撰年譜，對此有很明確的記述。羅思舉於道光元年（西元一八二一年）正月，從四川重慶鎮總兵升貴州提督，其後歷任四川、雲南、湖北三省提督。他自述每一次遷調，都是把原任營伍交代清楚，然後輕身前赴新任。到了新任，又接管新任省分的營伍。他在貴州、四川、雲南、湖北提督任內所統率的軍隊，都是該省的營伍，省分調了，管轄的營伍也就跟著不同了。這種情況，和那實行將由帥選、兵由將招制度的湘軍，其軍隊或東、或西、或存、或散，惟視將帥的行動為轉移的情況恰恰相反。綠營的兵權之所以掌於中央，而湘軍之所以成為私兵，其根本的分歧點便由於此。

至於綠營的任務，可分為三大類：第一類是鎮壓人民，如名城要害的鎮守，如防守一城一邑的分營，如星羅棋布的分汎。第二類是屬於防守邊疆，如西北的屯戍，東南的防海。第三類是屬於當差役使，如催護糧船的漕標各營，如河工防汎的河兵和塘工的塘兵，如緝私的鹽捕營，如做解犯護餉的差務兵，如京師巡捕營，如守清帝陵寢營。由於任務的廣泛，綠營實際包括了軍隊、警察、差役、河夫等等龐雜的性能。

乾隆末年以後，綠營也逐漸腐化了。腐化的原因主要有二：第一，是差操不分，綠營差務繁重，不僅因擔負差務而致影響操練，而且，使軍隊染上衙門油滑的風氣，腐蝕了軍隊。第二，是餉薄，綠營馬兵月餉銀二兩，步兵月餉銀一兩五錢，守兵月餉銀一兩，米每月五斗。綠營是世兵制，以當兵吃糧為世業。全家都倚靠月餉為生。康熙時，米每石不過四、五錢，這份薄餉，還可以維持全家最低的生活。其後米價漸漲，雍正初，綠營士兵便不得不做小販、做手藝來營生了，其對操練的影響，更何待說。這樣，年復一年，綠營士兵的衙門習氣越積越深，生活負擔越壓越重，操練也越拋越荒，所以戰鬥力也就越來越小了。以至嘉慶年間鎮壓白蓮教起義，已經要倚靠一部分鄉勇的力量。

但綠營經制並未改變，清朝靠綠營的支持，其統治也還算鞏固。及到太平天國革命，綠營經制已經掃地以盡，曾國藩只能用勇營制度組織湘軍，對太平天國進行抗拒。太平天國失敗後，清朝企圖重建綠營舊制而不可得。於是，勇營就代替綠營的地位，形成了督、撫專政的局面。清朝中央政府逐日在動搖之中，在綠營制度消失後不久，清朝也跟著覆亡了。

# 關於「總理各國事務衙門」

／鄭師渠

總理各國事務衙門，簡稱總理衙門，別稱總署或譯署，它是清政府在第二次鴉片戰爭後設立的，專門辦理外交事宜，派出駐各國的公使，並經管通商、海防、關稅、路礦、軍工、譯文和派遣留學生等項事務。

清政府原無外交機構，辦理對沙俄的交涉，由理藩院兼管，朝鮮、越南等東南及西方諸國的使節，則統歸禮部接待。而在對外貿易方面，乾隆二十一年（西元一七五六年）後，只開放廣州一口岸，並規定外商只能與公行商人聯繫，不准與官府直接往來。西方資本主義侵略者當然不能滿足此種地位。早在乾隆、嘉慶年間，英國就曾兩度遣使北京，要求派員駐北京照管商務、開放口岸、減低關稅，均遭清政府拒絕。道光二十二年（西元一八四二年），清政府在第一次鴉片戰爭中失敗，被迫簽訂了《南京條約》，才承認外國官員可與地方官府平等往來，並開放廣州、福州、廈門、寧波、上海五口通商。道光二十四年（西元一八四四年）設立五口通商欽差大臣，由兩廣總督兼任，以協調五口通商及對外交涉事宜。這是清政府初次屈服於西方侵略者，在對外事務上所作的變通。

可是到第二次鴉片戰爭後，這種變通已經不能適應需要。《天津條約》和《北京條約》規定，中國增開天津、牛莊、登州、臺灣、淡水、潮州、瓊州、漢口、九江、南京、鎮江為通商口岸，外國公使常駐北京。清朝統治者不能不考慮如何應付這一新變局。當時主持簽訂《北京條約》的恭親王奕訢等人，於咸豐十年十二月初一（西元一八六一年一月十一日），向尚躲在熱河的咸豐帝提出了設立總理各國事務衙門的六條章程。沒過幾天，咸豐帝就批准了這個提議，總理衙門於是正式成立。

總理衙門設公所於北京東堂子胡同舊鐵錢局。其體制仿軍機處，由大臣和章京①組成。總理衙門大臣，在諸王和大臣中選派，無定員。初設，大臣只派三人，即恭親王奕訢、大學士桂良和戶部左侍郎文祥。其後人數增多，七、八人不等，最多達十餘人。奕訢以親王、首席軍機大臣身分，兼顧總理衙門。光緒十年（西元一八八四年），他被慈禧太后撤去一切差使，直到光緒二十年（西元一八九四年）復出，但時間很短，光緒二十四年（西元一八九八年）便死去。在奕訢罷職期間及其死後，總理衙門由慶郡王奕劻領班。

總理衙門的章京，從內閣、部、院和軍機處的司員、章京中挑選，經王、大臣考取引見。最初規定滿漢各八人，後有所增加。其中，又選派總辦章京滿漢各二人，幫辦章京滿漢各一人，負責綜理日常事務、起草章奏、擔任會談記錄、外交禮賓等等。此外，還有額外章京，滿漢各數人。章京二日為一班，輪流入值。

總理衙門的編制，除六部共有的司務廳和清檔房外，還設有五個股，分掌各國事務和各類專門業務。這五股是：

英國股：負責英、奧兩國事務；管理各國通商事宜及各關稅務。

法國股：負責法、荷、西班牙、巴西國事務；管理保護民教和招工事項。

俄國股：負責俄、日兩國事務；管理陸路通商、邊防疆界、慶典、禮賓以及官吏升遷與考詮等。

美國股：負責美、德、秘、義、瑞、挪、比、丹、葡各國事務；管理埔保工務。

海防股（光緒九年增設）：掌管北洋海軍、長江水師、沿海炮台、造船、制器、學堂、鐵路、電線、礦務等。

總理衙門設股，並非固定不變，前後時有增減，各股職掌也有所變換。

總理衙門之下，還設有幾個機構，主要是：

㈠**京師同文館**。同治元年（西元一八六二年）正式成立，目的在培養八旗子弟的外語人材。最初設英文館，學生只十人；後又添設了法文館、俄文館和德文館。同治五年（西元一八六六年）以後，又陸續增設了天文、化學、算學、格物四館。先後共八館，學生增至百餘人。這樣，同文館便由單純的翻譯學校又變成了實用科學的學校了。同文館設管理大臣，由總署大臣內特簡。光緒二十六年（西元一九〇〇年），八國聯軍侵占北京，師生星散，明年併入京師大學堂，改稱譯學館。

㈡海關總稅務司署。咸豐十一年（西元一八六一年）成立，同治四年（西元一八六五年）由上海遷至北京。設總稅務司一人，各口分設稅務司一人及幫辦若干人，掌管海關稅務。但是，總稅務司及各口稅務司一直為洋員把持，如英人赫德充任總稅務司就長達四十餘年。清政府的稅務機構，實際上為洋人所操縱。

光緒元年（西元一八七五年），清政府開始派遣常駐各國公使，分頭等、二等、三等，都加欽差銜。公使由皇帝直接派遣，總理衙門負責具體安排及聯繫工作。

因為考慮到新開口岸眾多，且分布地區遼闊，不易兼顧，奕訢等人在奏請設立總理衙門之時，還建議在西北口岸分設通商大臣一人，分管各口事務。

南方原設在廣州的五口通商大臣，於咸豐九年（西元一八五九年）移上海，辦理江、浙、粵、閩、內江各口通商、交涉事務，兩江總督兼任後又改由江蘇巡撫兼任。同治五年（西元一八六六年），改為南洋通商大臣，簡稱南洋大臣。從同治十二年（西元一八七三年）起，由兩江總督兼任，此後成為定制。北方，咸豐十一年（西元一八六一年）在天津設三口通商大臣，管理天津、牛莊、登州三口通商、交涉事務，但不加欽差銜，職位較低。同治九年（西元一八七〇年），改三口通商大臣，為北洋通商大臣（簡稱北洋大臣），由直隸總督兼任，授與欽差銜，與南方相等。其職掌，主要是負責北洋洋務、海防、招商設局和鐵路、電線等。

南北洋大臣與總理衙門的關係，不是上下級的隸屬關係，而是互相平行的。他們在各自轄區內，獨立處理對外交涉，大事則奏陳請旨，聽從皇帝吩咐；遇急事用電奏，由總理衙門代奏；有疑難問題，才與總理衙門協商。

南北洋大臣的職位長期操在曾國藩、李鴻章為首的湘、淮系官僚手中。他們的思想特徵與奕訢等人相同，都主張學西方資本主義國家的長技，以增強清朝封建統治。他們彼此奥援，倡導並推進了洋務運動。因此，以總理衙門與南北洋大臣為核心，在清政府內部便形成了洋務派勢力。曾國藩、李鴻章等是地方洋務實力派，奕訢等則是洋務派在中央的代表。

總理衙門從咸豐十年（西元一八六一年）設立，到光緒二十七年（西元一九〇一年）改組為外務部，存在了四十年之久。管理的範圍，實際遠遠超出了外交及通商，涉及了政治、經濟、軍事、文化許多方面，成了清政府中僅次於軍機處的舉足輕重的機構。總理衙門的存在，是一個複雜的歷史過程。它贊助創辦近代工業、籌設海防、興辦學堂等，客觀上還是起了積極作用。它培養的某些外交人材，在與沙俄交涉帕米爾等談判中，也曾堅持了民族的正義立場。當然，從整體上說，總理衙門的作用是與清政府日益反動賣國相一致的。中法戰爭後，改由庸碌貪鄙的慶郡王奕劻領班，更迅速走向腐朽。隨著義和團運動的失敗，清政府決心充當列強侵華的忠實工具，總理衙門便被改組成更為適合列強侵華需要的外務部了。

## 注釋

①章京，係滿語音譯，一般指辦理文書事務的官員。

# 中國最早的外語學校

## ——同文館

／李喜所

我國歷史上很早就有人從事翻譯工作，但正式設立外語學校卻晚至西元一八六二年清政府在北京開設的同文館。

西周時曾有過翻譯官員，《周禮．秋官司寇》中稱他們為「象寄」，但主要譯述少數民族的文字。漢代中外交流發展，譯述人員增加，被稱作「譯官、譯語、譯史」的不絕於書。唐朝翻譯佛經的人很多，湧現了玄奘這樣傑出的翻譯家。明代中外交流頻繁，翻譯人才需求甚急。初於西元一三六八年設置了四夷館，選翰林三十八人進行訓練，專學外國語言文字，西元一四〇七年又增開緬甸等八館，擴大招收「官民子弟」攻讀外語。西元一七四八年清朝將四夷館改為四譯館，選少數人從事翻譯。西元一七五七年又改創俄羅斯文館，選八旗子弟二十四名學習俄語。但這都是一些短期的訓練班，時學時停，無人重視，加上這些紈袴子弟遊手好閒，很難把外語學到手。在俄羅斯文館的一次考試中，學生全是零分，教師中只有一名能說幾句俄語。所以在西元一八四二年《南京條約》、西元一八五八年《天津條約》和西元一八六〇年《北京條約》簽訂時，中國連一個精通外語的人才都找不到，任憑外國侵略者隨意欺矇。西元一八六一年恭親王奕訢等上奏清廷，請求在北京設立一所外語學校，培養各種翻譯和外交人才。於是西元一八六二年八月在北京開設了同文館，並聘有外籍教師，英國人包爾騰、法國人司默靈、畢利干、俄國人柏林、美國人丁韙良、傅蘭雅、海靈敦等先後任教。

不料，同文館的開設，在清廷竟引起了軒然大波。倭仁等一幫頑固派如喪考妣，大加反對。他們認為開設同文館是違背祖訓，堂堂孔老夫子的後代居然去學習外國的語言文字，甚至「拜洋人為師」，簡直是大逆不道。一時北京城裏謠言四起，前門大街上還貼出了對聯，罵同文館「鬼計本多端，使小朝廷設同文之館；軍機無遠略，誘佳子弟拜異類為師」。有人更罵同文館「胡鬧胡鬧，叫人都從了天主教」（《越縵堂日記》）。但奕訢決心很大，不僅堅持要辦，而且在西元一八六六年十二月又在同文館內增設了天文算學館，招收三十歲以下的秀才、舉人、進士、翰林和科舉正途出身的「五品以下的滿漢京外各官」入學。這下更急死了倭仁，他連上奏摺，斥責奕訢將孔門弟子引上學習外國「奇技淫巧」的邪路，有喪國體，敗壞風俗。奕訢也不示弱，在反駁的奏摺中責罵倭仁一夥在洋人發動戰爭時「袖手旁觀」，「紛紛逃避」；戰爭過去後又「空言塞責，取譽天下」，只會「道義空談」（《籌辦夷務始末》同治朝，卷四十八）。倭仁是同治皇帝的老師，更不退讓。他一面指使一些人上奏，胡說同文館設立後招致北京大旱，飛沙走石，這是「天象示警」；一面在上朝時和奕訢當面論爭。雙方面紅耳赤，難解難分。清廷無奈，採取折衷辦法，讓倭仁也自開一館，造就外交和技術人才。這下倭仁傻眼了，他根本無此能力去另辦一所新式學校。下朝回家時，倭仁氣得頭暈目眩，竟從馬上跌下來摔了個半死。從此，同文館才衝破了反對派的阻撓，順利發展。

同文館完全按正規的學校來辦，陸續開設英文館、法文館、俄文館、德文館、東文館。入校學生不僅學外語，還學中文和自然科學。學制嚴格，八年畢業。第一年學習讀法、書法、拼法；第二年學習讀法、文法、會話和翻譯句子；第三年學習世界史地，練習翻譯電報；第四年學習算術、代數，練習翻譯公文；第五年除繼續練習翻譯外，學習物理、幾何、三角；第六年學習機械、微積分、航海測算；第七年學習譯書、化學、測算和萬國公法；第八年除譯書外，還學天文地理。另開有生理、解剖學等選修課。考試制度也很嚴格，月有月考，季有季考，歲有歲考，三年一大考，優者受奬，劣者降革。學校還設有印刷所，專印各種教材和圖書資料；備有打字機，供學生練習打字；還設有化學物理實驗室、天文台和博物館，使學生有實習機會。這種設備在當時已相當可觀了。同文館的學生並不多，西元一八六二年入學的僅十人，後增為三十人；西元一八六七年擴大為五十七人；西元一八七九年發展到一百人；西元一八八八年增加到一百二十五人；直到西元一九〇一年併入京師大學堂，同文館學生一直維持這個數目。

同文館教學中的一個顯著特點是注重學用結合。入校的學生在學習的同時經常翻譯一些國外的電報、文件，至於高年級學生則必須譯書。而且反覆修改，譯好即印。像學生和老師共同翻譯的萬國公法、自然哲學、化學初步、外文指南、政治經濟學、俄國史、世界史綱、高等化學、數學、物理學、生理學、天文學等，在當時影響很大，和上海江南製造局、福州船政局的翻譯館一樣，是中國近代最早翻譯一批西方政治、科技圖書的。同文館對譯書好的學生不僅大加獎勵，而且優先錄用。這就促使學生把學習和運用儘快結合起來。同文館還用一切機會派學生出國實習。有的使節出國，帶館內學生隨行；外國人來訪，派學生陪同；在國外設使館，也派學生隨駐。這樣反覆的學習實踐，使不少學生成才。

總的來看，儘管同文館本身帶有洋奴習氣，一些學生崇洋媚外，變為洋奴和買辦官僚，但同文館作為中國最早的近代化的新式學堂，其開一代風氣之先的拓荒作用是不可低估的。

# 我國古代國家首腦的稱號

／左言東

我國國家的產生最早可以追溯到夏代。夏代以前，是原始社會，那時沒有階級，也沒有國家，社會組織的基本單位是氏族，幾個氏族聯合成為部落，若干個部落的聯合又形成部落聯盟。在氏族、部落和部落聯盟裏，有非常簡單的處理公共事務的權力機構。氏族的規模一般都不大，幾十人到一百多人，全氏族的共同始祖就是天然的首領，稱為「后」。后的本來意義就是生育。部落和部落聯盟的首領都稱「伯」，是由選舉產生的，伯就是老大哥之意，傳說中的鮌和禹，都是崇部落的首領，所以古書上稱他們為「伯鮌」、「伯禹」。鮌、禹又都是部落聯盟的領袖，他們的主要職務就是領導治水。中國古時候部落稱「州」，《國語．魯語》說：「共工氏之伯九有」，「共工」是職務的名稱，就是指鮌、禹，「九有」就是「九州」，「伯九有」就是九個部落共同推舉出來的老大哥。古書常說夏以前有什麼三皇五帝，甚至還有個開天闢地的盤古，還有黃帝、炎帝、太皞、少皞、顓頊、堯、舜等等，都是有名的帝王。這究竟是怎麼回事呢？其實，在夏代以前，根本就沒有過三皇五帝，也沒有過什麼盤古氏，三皇五帝、盤古氏等等都是春秋戰國時期甚至戰國以後才出現的天神的名字，而且幾乎都是最尊貴的太陽神。皇和帝所指都是至上神。因為那時部落聯盟相爭，還沒有建立統一的國家，各部落、各氏族都有自己的至上神，如黃帝是陳姓的至上神，炎帝是姜姓的至上神，少皞是嬴姓的至上神，盤古是南方傜族的至上神等等。上帝是一種宗教觀念的產物，是國家產生以後才有的，是人間的最高統治者在觀念上曲折的反映。在國家產生以前，在氏族社會裏，不僅沒有稱為皇或帝的最高統治者，就是在神靈世界，也找不到它的位置。

大禹治水以後，在中原地區，出現了最早的國家，這個國家稱為夏。夏代的第一任國君是禹的兒子啟。禹原是部落聯盟的領袖，是一個對社會有過重大貢獻的治水英雄，他活著的時候，職稱就是前文所說的「伯」。禹死以後，他領導過的各個部落的人民懷念他，把他尊為土地之神，立個廟進行祭祀。人們把最初的剩餘生產物節省下來，送來作為祭品。誰來主持祭祀呢？因為禹已被奉為神，禹的兒子也就成了神的後裔，自然也就高出凡人一等，成了當然的主祭者了。各部落送來的貢品本是為祭神用的，但神既不能吃，又不能穿，於是都成了主祭者的私有物，這就是國家最初的貢賦。土地神叫社，社也就成了夏國家的靈魂和象徵。夏國家的首腦不再稱伯，而稱后，古書上一般叫夏后或夏后氏。后雖是沿用的原始社會對氏族長的稱呼，但內容和性質已經大大不同了。氏族時代的后，與本氏族的女性或男性都有血緣關係；而夏國家的后，與各部落之間不一定存在直接的血緣關係，而是統治與被統治的關係。后由禹的子孫一代一代傳下去，不再由選舉產生。擔任伯的鯀、禹是社會公僕，而稱為后的夏國家的統治者，成了高高在上、役使奴僕的主人了。夏后統治下的各部落，還保持相當大的獨立性，首領仍稱伯。

夏國家統治了大約四百年，被商族滅掉了，於是建立了中國歷史上第二個朝代——商。商國家的統治區域比夏大得多。正如《詩經．商頌》所說：「自彼氐羌，莫敢不來享，莫敢不來王。」在商統治者的心目中，他們已不是某個地區的統治者，而是天下所有地區的統治者（當時的地理觀念是比較狹窄的）。因而「后」的稱呼，與龐大的商國家就顯得很不相稱了。於是從商湯開始，國家的首腦稱王。

王為何義？不少著名的學者，對此進行過考證和研究，但至今似乎還沒有比較滿意的能為社會接受的一致的答案。有的說王的本義是火，有的說本義是斧，有的說與祖同義，有的說與旺同義，也有的說像人端坐之形，東漢許慎《說文解字》的解釋又是：「王，天下所歸往也。」我個人認為，還是王國維的說法較為可取。王說：「王旺同聲，當以旺盛為本義。」王旺本是一個字，王作動詞用時，正讀「旺」。「旺」字是後起字，從日，因此，王的初義是日光，作為統治者的王，就是象徵普照大地，君臨天下，也就是說，是太陽的象徵。把君主比做太陽，大概在夏末就開始了，夏桀不是說「吾有天下，如天之有日也。日有亡乎？日亡，吾亦亡」（《新序．刺奢》）。老百姓也痛恨夏桀，也把他比做太陽，發誓說：「時日曷喪，予及汝皆亡」（《尚書．湯誓》）。商國家的第一個王叫湯，湯陽古音同，就是指太陽；湯的名字又叫「太乙」，也就是「太一」，含義也是太陽。《楚辭．九歌》中的「東皇太一」，正是太陽之神。商王的名字都取自記日的天干：甲、乙、丙、丁等等，和王的本義也是呼應的。不過這時的王，雖象徵自然界的太陽，但還不是神。甲骨文中另有代表至上神的帝字，有時也稱上帝。上帝被說成是商王最早的始祖。商王的一切活動都要通過占卜向上帝請示。

商代尚未實行分封制度，商王與被征服的部落（稱方）無確定的君臣關係，有的部落叛服無常。商王統治下的各方都有自己的首領，在通常情況下，臣服時稱「侯」，獨立時稱「伯」。代商而起的西周，國家首腦仍稱王。不過當時的國家觀念與後代是不同的。周王統治的所有地區叫做「天下」，所謂「溥天之下，莫非王土；率土之濱，莫非王臣」是也。由周王分封的諸侯的統治區域叫「國」，而由諸侯再分封的大夫的領地才叫「家」。周王又稱「天子」，意為上天之長子受命於天在人間進行統治。周天子下面的各個封國的君主都由王策命，王畿內的一般稱「公」或「伯」，王畿外的一般通稱為「侯」，諸侯死後一般尊稱為「公」。周王、諸侯、大夫的財產和地位，由嫡長子世襲。他們死後，子孫們要立廟舉行隆重的祭祀活動。根據死者生前的事跡，評定一個稱號，叫做「諡號」。據《逸周書．諡法解》，這個辦法是周公旦和太公望創制的。西周文王、武王、成王、康王的文、武、成、康，魯國隱公、桓公、莊公、昭公的隱、桓、莊、昭等等，都是諡號。

春秋以後，周天子的獨尊地位一落千丈。平王東遷後的第三十個年頭，楚國稱王；甚至早在西周年間，江淮流域的徐國就已稱王；春秋後期，南方的吳、越也以王稱；進入戰國時期，七雄相繼稱王；周天子反而被人們稱為周君。

秦始皇統一了中國，建立了高度中央集權的封建專制制度。秦始皇原來也稱王，統一後他辦的第一件大事就是更改國家首腦的稱號。經過朝廷大臣和博士們的議論，秦始皇決定用皇帝這個稱號。

皇帝是什麼意思呢？前面說過，上帝的觀念是商代才形成的。皇字在商周時期的金文和文獻中，都用作形容詞，《尚書．呂刑》篇中出現過「皇帝」一詞，那和《詩經》中的「皇矣上帝」是一個意思，都是指的天神。戰國時期，出現了大量的自耕小農，他們的經濟、政治地位都很脆弱，因此幻想救世主式的至上神的出現，從上面代表和保護他們。三皇五帝就是在這種背景下出現的。傳說的三皇五帝都是宗教迷信的產物，歷史上一個也沒有過。但小農的經濟政治地位和他們的宗教迷信觀念，卻是導致皇帝出現的溫牀和土壤。皇帝和后、王不同的地方，主要是皇帝這個國家首腦被神化了，神權與君權融合為一體。皇帝是理想化了的君主和至高無上的太陽神的化身。

從秦始皇開始到辛亥革命推翻清王朝，皇帝的稱號在中國沿用了兩千多年，對我國的政治制度、社會生活和意識形態都有著極為深刻的影響。皇帝成了專制權力的象徵，一切權力都集中到皇帝的手裏。在偌大的國家裏，只有皇帝一個人是主人，其他人通統都是奴僕。皇帝被抬到高於一切的地位，整個國家機器都圍繞著皇帝在運轉。為了突出和神化皇帝，在與皇帝有關的稱呼上發生了一系列的改變。

朕，原是普通的第一人稱代詞，屈原的《離騷》還說「朕皇考曰伯庸」，秦始皇以後，只有皇帝才能自稱「朕」，其他人都禁止使用。皇帝的名字誰也不能叫，也不能說，甚至不能寫，碰到皇帝名字用過的字，都得改用其他同義字，這就叫「避諱」，如劉邦的「邦」改為「國」，劉徹的「徹」改為「通」。臣民稱皇帝叫「陛下」，為什麼叫「陛下」呢？東漢蔡邕解釋說：「陛，階也，所由升堂也。謂之陛下者，群臣與天子言，不敢指斥天子，故呼在陛下者而告之，因卑達尊之意也。」史官記事稱皇帝為「上」，大概是高高在上，君臨臣民之意。皇帝說的話叫「制」、叫「詔」，都具有法律的權威，通俗的說法叫「聖旨」或「金口玉言」。皇帝所用之物叫「御」，所用之印叫「璽」，所到之處叫「幸」。臣民之間談到皇帝，怕褻瀆了聖主，通常稱「縣官」以代之。「萬歲」本是眾人歡呼之詞，因為正合皇帝長生不老的心願，漢武帝以後，也成了皇帝的代稱。皇帝的住所叫「宮殿」，皇帝的墳墓叫「陵」。清代皇帝的批示叫「硃批」。因為皇帝是神化了的君主，議論批評皇帝叫「誹謗」或「大不敬」，要殺頭滅族。不僅圍繞皇帝本人有一系列專有的特殊稱呼和用語，而且皇帝的親屬都有尊貴異常的專稱：皇帝的老子叫「太上皇」，媽媽叫「皇太后」，正妻叫「皇后」，預定接皇位的兒子叫「皇太子」，女兒叫「公主」，妾叫「昭儀」、「貴人」、「妃」、「嬪」等等。

國家首腦的稱號，是一定歷史條件的產物，又是一定歷史時期政治制度的集中體現。隨著時代的發展，以后、王、皇帝為代表的政治制度都已成了歷史的陳跡，但它們所體現的家長制、君主專制、神人合一、等級關係等等，不是一下子就能肅清的，有時還會改頭換面地重新出現。因此，認真學習一些歷史知識，是很有必要也會大有收益的。

# 楚子為什麼要「問鼎」

／杜迺松

楚子「問鼎」是我國古代的一個很有名的故事，最早見於《左傳．宣公三年》。以後司馬遷在《史記．楚世家》裏也談到了這件事，文字與前者雖有些差別，但內容是一致的，應來源於《左傳》等書的記載。

我們先簡略回顧一下楚子「問鼎」的經過。「楚子」就是春秋時代五霸之一的楚莊王，是楚穆王的兒子，於西元前六一三年～前五九一年在位。據古史記載，在莊王即位之初，不理朝政，終日沈湎於飲酒作樂之中，後經申無畏等大臣的規勸，終於奮發起來，而「一鳴驚人」。他在位時期，楚國非常強盛，為了和晉國在中原爭霸，他先後用兵於陳、蔡、鄭、宋等國，又乘攻伐洛水流域的陸渾之戎的機會，陳兵東周邊境，炫耀武力。周定王趕緊派大夫王孫滿前去慰勞。楚莊王別有用心地問王孫滿周之九鼎「大小輕重」。王孫滿追溯了九鼎的歷史後，十分嚴肅地說：「周德雖衰，天命未改，鼎之輕重，未可問也。」

「問鼎」故事大致如此，那麼楚莊王為什麼要「問鼎」呢？而周大夫王孫滿為什麼又不許他問呢？

要回答這些問題，我們必須從鼎的性質與功能談起。

銅鼎是在商周時代發明和發展起來的，但鼎這種器物遠在新石器時代已經出現，不過那時是用陶土作成的陶鼎。器一般呈圓形，下有三足，口沿上有對稱的兩耳，是日常生活炊煮食物的用器。隨著社會生產力的發展，青銅時代的到來，人們開始模仿陶器的器形來鑄造青銅容器，有鼎、鬲、甗、毁、爵、觚……等形狀各異的青銅製品。在傳世品和考古發現的商周銅器中，鼎占有相當大的數量，是我們今天研究商周時代歷史的重要資料。在初期，銅鼎的性質與功能可能與陶鼎沒有什麼大的區別，但到後來，奴隸制禮樂制度不斷加強，它的性質與功能就起了根本變化。在奴隸制禮樂制度下，賦予了不同等級的奴隸主貴族以不同的特權，使國家權力得到有秩序的分配，反映了「名位不同，禮亦異數」的區別，從而更有效地對奴隸和平民進行統治。銅鼎是最重要的一種禮器，它和其他青銅禮器一樣，又稱為青銅「彝器」，「彝器」就是「常寶之器」的意思。這時，銅鼎已不再單純是一種炊器了，而成為禮樂制度中重要的內容之一，被賦予了神聖和寶貴的色彩，是各級貴族的專用品，被視為統治權力的象徵和指示物，而廣大奴隸和平民是絕對不能使用銅鼎的，甚至使用陶鼎的權力也被剝奪了。銅鼎的政治價值對奴隸主來說猶如命根子一樣重要，毫無疑問，他們是極為重視的。

現在我們再回到楚莊王「問鼎」這一問題上來。楚莊王所問的周朝的九個鼎，是周朝國家社稷的寶物，統治權力的象徵，占有它就意味著占有王權，失去它就意味著失去了王權。從王孫滿的答話中可知，九鼎最早屬於夏王朝，「貢金九牧，鑄鼎象物」，九鼎可能是象徵著九州。以後「桀有亂德，鼎遷於殷」，「商紂暴虐，鼎遷於周」。周成王建東都洛邑時，又「定鼎於郟鄏」，表明了對九鼎的重視。文獻記載說明了夏、商、周幾個王朝政權的更替，是以奪到了前代的鼎，作為象徵的。西元一九七六年陝西臨潼出土了一件武王時代的利毁，毁腹內鑄有銘文，記載周武王伐商的歷史，銘文有「越鼎、克昏，夙有商」七個字，已故古文字專家唐蘭先生認為，「越鼎」就是奪到了鼎，也就是周人奪取了商王朝的政權。這一見解是正確的。

周定王時，周王朝已嚴重衰落，所謂「天子微，諸侯僭，大夫強，諸侯脅」就是這一歷史情況的寫照。這時強大的楚國自有取周而代之的企圖。楚莊王問鼎，就顯示了他對周王朝的輕蔑，是公然地向周王朝挑戰。而周大夫王孫滿為了維護當時早已風雨飄搖的奴隸制政權，自然是不允許楚莊王問鼎之大小輕重的，必然要聲嘶力竭地說些氣硬話，說「在德不在鼎」、「周德雖衰，天命未改」，意思是周政權還可以維持下去，還可以成為天下的共主，並警告莊王，今後不要問鼎的大小輕重了。所以，後來人們就把「問鼎」比喻為圖謀王位。但今天「問鼎」一詞的含義已經更為廣泛，一般把有雄心壯志、想得到更高的位置稱作「問鼎」。

關於九鼎的下落，據說在秦昭王時「其器九鼎入秦」都咸陽，傳說一飛入泗水。此後就不知道它的去向了。

這裏，應當特別指出的，文獻上所說的代表夏、商、周王權的九鼎，傳說很多，其中有些具有一定的神話色彩，但這些神話色彩的內容，應當說也是有一定根據的。

前面我們已說及到，銅鼎不但是王權的象徵，而且各級奴隸主貴族也因等級不同，而使用銅鼎的個數不同。使用鼎的多少，是有嚴格規定的。《公羊傳．桓公二年》何休注說：「禮祭天子九鼎，諸侯七、大夫五、元士三也」。這種稱為「列鼎制度」或「升鼎制度」的用鼎規定，在西周時代最為典型和嚴格，但也有所破壞；而到了春秋以後，「禮不逾節」成為一句空話，鼎制更明顯地被打破了，從考古發現的材料看，例如，春秋晚期壽縣蔡侯墓使用了九個鼎，這是諸侯僭越了天子之禮，又戰國時期的中山國王嚳墓也用了天子九鼎之制。這一時期的一些平民墓葬內也有用仿銅陶鼎來隨葬的。由此也反映了奴隸制「禮崩樂壞」的一個側面。商周奴隸制國家，對銅鼎的重視，使用鼎制的規定和考古資料使用銅鼎的一些實際情況，無疑都是我們研究當時社會政治的重要資料。

隨著奴隸制衰落，封建制的興起，作為歷史上曾經象徵王權和用來區分等級的銅鼎，作為禮器的意義逐漸消逝，這種器種雖然在相當長時間內還存在，甚至生產的數量也不小，但主要是作為日常生活用器或度量衡器的量器了。

# 說欹器

／陸錫興

如果您到西安半坡遺址博物館去參觀，一定會被陳列室裏那件小口雙耳尖底陶罐（圖一）所吸引。它造型非常別緻，兩頭小，中間大，一頭是小小的罐口，另一頭是長長的圓錐形罐底，鼓形罐腹的中部，有兩支對稱的罐耳，可以繫繩提挈。它是幹什麼用的呢？熱情的解說員會告訴您，它是新石器時代的半坡人的汲水器。空罐時，罐的重心在兩耳間，稍一搖晃，罐身便會歪斜；用它汲水時，罐底一接觸水面，在水的浮力作用下，重心上移，罐身立即傾斜，水便流入罐內；水滿時，重心又回到兩耳間，只要輕按罐口，即可將水瀉出；只有半罐水時，重心移到罐底，罐口向上，罐身直立，穩穩當當，想往外瀉水，則只好雙手抱罐才倒得出來了。聽完這精彩的介紹，再看看實物，您能不為我們的祖先在五千多年前就能造出如此精巧的製品而感到驕傲嗎？

這種精巧的生活用具，正是我國古代堂堂廟堂之器——「欹器」的原型。欹器所利用的力學原理與尖底汲水罐相同，只是形制有所差別。

《荀子．宥坐》篇曾記載：孔子在魯桓公之廟，看到過欹器，孔子說：「吾聞宥坐之器者，虛則欹，中則正，滿則覆。」具體說明了它的特點，而且讓他的學生用水試了一下，果然如此。孔子喟然而嘆：「吁！惡有滿而不覆者哉！」漢代的《韓詩外傳》第三卷中也有相似的記載。

先秦的欹器後來已經失傳了。「周廟欹器，至漢東京猶在御坐。漢末喪亂，不復存，形制遂絕」（《晉書．杜預傳》）。從此以後，歷代只能仿制。據記載，晉杜預、南朝齊祖沖之、西魏文帝、唐李皐、南唐徐游等都有製作。當然，各人所做出的欹器是各不相同的。杜預構思雖妙，屢次修改，可是製出欹器總不如意。祖沖之設計精巧，製出的欹器「與周廟不異」，算是很成功的。西魏文帝同時做了兩個，都頗具規模。「一為仙人，共持一鉢，同處一盤，鉢蓋有山，山有香氣；又一仙人持金瓶，以臨器上，傾水灌山而注乎器，煙氣通發山中，謂之仙人欹器。一為二荷，同處一盤，相去盈尺，中有蓮下垂，器上以水注荷，則出於蓮而盈乎器，為鳧、雁、蟾蜍飾之，謂之水芝欹器，二器皆置清徽前，形似觥而方，滿而平，溢則傾」（《續世說．巧藝》）。這些光怪陸離的仿製品已失去古樸的特點，變得奢麗而富於神祕色彩了。當時雖然藏之廟堂，後來也都散失了。

〔圖一〕尖底陶罐

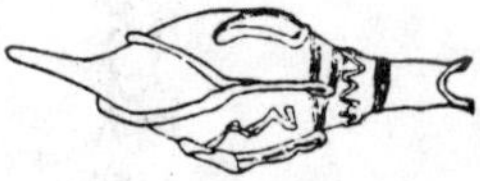

〔圖二〕北燕馮素弗墓出土仿製欹器

西元一九六五年發掘北燕馮素弗墓，在眾多的金銀器皿中，意外地發現了一個玻璃欹器（圖二）。這個欹器很可能是在大月氏商人指導下燒製的。它基本形狀如尖底陶罐，小口細頸，鼓腹尖底，只是橫臥的，並用玻璃條在瓶的肩、腹部黏出花紋，並在瓶腹中間黏成雙足，使圓腹放置平穩。這個欹器空腹時重心也在中間雙足，滿水時重心上移，傾覆瀉水，只在半水時器口才向上，完全符合「虛則欹，中則正，滿則覆」的要求。馮素弗生於杜預和祖沖之之間，看來這個欹器是很接近「周廟」欹器的。

欹器為什麼能起到置右為戒（宥坐）的作用呢？我國有一句古老的格言：「滿招損，謙受益」（《書．大禹謨》），「滿而覆」的欹器恰好非常形象地說明了這個道理，正是欹器被置右為戒的原因。《荀子．宥坐》引孔子話說：「聰明聖知，守之以愚；功被天下，守之以讓；勇力撫世，守之以怯；富有四海，守之以謙。此所謂挹而損之之道也。」欹器越來越被人重視，似乎它寄寓的哲理也越來越深刻，因此，到了漢代，劉向《說苑．敬慎》篇引出的孔子議論也長了些：「高而能下、滿而能虛、富而能儉、貴而能卑、智而能愚、勇而能怯、辯而能訥、博而能淺、明而能暗，是謂損而不極，能行此道，唯至德者及之。」清代錢大昕的《欹器銘》講得更明白一些：「哲人知幾，如履薄冰；鑑茲欹器，拳拳服膺。」原來，封建帝王把欹器列於廟堂，是想把它作為「滿而覆」的借鑑，執中持衡，免遭覆滅的厄運呢。

現在，去掉籠罩在欹器上的神祕的廟堂色彩，揭開它的奧祕，讓我們從中再一次看到了古代勞動人民的智慧。同時，我們也可以以欹器為鑑，記住「滿招損，謙受益」的古老格言，督促我們力戒驕傲自滿，永遠做一個謙虛謹慎的人。

# 漢晉的「節」

／楊泓

西元前一〇〇年，漢武帝派遣蘇武以中郎將的官職，使持節護送留在漢朝的匈奴使者返回匈奴。到匈奴後，遭匈奴囚禁。因他不肯投降，被送到北海上無人處牧羝（公羊）。蘇武隻身一人來到北海，給養斷絕，靠挖野鼠洞中的草籽充飢，但他「仗漢節牧羊，臥起操持，節旄盡落」（《漢書．李廣蘇建傳》）。

蘇武所持的「節」是什麼東西？它代表什麼？為什麼連飯都吃不上，還要「臥起操持」，形影不離呢？

由蘇武的事跡中我們可以看出兩點，一是漢代使臣所持的節，是皇帝授予的，以表示持有者是皇帝代表的身分；二是對於使臣來說，他持的節又是皇帝和國家的象徵，保護它也體現出對國忠貞的感情。因此，蘇武在艱苦危難之中手不離漢節，正表明了他誓不叛漢的決心。在《漢書．張騫傳》中，也記錄有當張騫由西域返漢時遭匈奴扣留，「留騫十餘歲，予妻，有子，然騫持漢節不失」。這也同樣表現出他對漢的忠誠。

不僅漢廷派往匈奴等處的使者持節，皇帝派往分封於各地的諸侯王的使者，同樣要持節。同時使者也一定要人在節在，以示忠貞。例如吳王濞叛亂初起，爰盎「以泰常使吳。吳王欲使將，不肯。欲殺之，使一都尉以五百人圍守盎軍中」。後來爰盎在夜間逃脫，為了保存漢節，又怕被人看見，只得丟棄節仗，「解節旄懷之」而逃（《史記．爰盎列傳》）。

正由於使臣持節，故此使節聯稱，這個詞沿用至今，現在我們還常稱各國派駐他國的外交代表為「使節」。

在漢代，除了派出的使臣以外，凡傳達皇帝命令時，也憑節為信。《漢書．高后紀》：周勃等誅諸呂時，當劉章殺呂產後，「帝令謁者持節勞章。章欲奪節，謁者不肯，章乃從與載，因節信馳斬長樂衛尉呂更始」。顏師古注：「因謁者所持之節，用為信也。章與謁者同車，故為門者所信，得入長樂宮。」當時如無節，劉章是進不了長樂宮門的。西元前九十一年戾太子叛亂事件中，因為太子掌握有節，才能動用武庫的兵器，當時「太子使舍人無且持節夜入未央宮殿長秋門，因長御倚華具白皇后，發中廄車載射士，出武庫兵，發長樂宮衛，……遂部賓客為將率，與丞相劉屈氂等戰」（《漢書．武五子傳》）。因此，漢代節是很重要的憑信。由於漢節如此重要，所以漢廷中央設有專門掌管符節的官員，名叫「符節令」，他的主要任務是「凡遣使掌授節」。同時，嚴禁私造漢節。也因此當諸王謀叛時，除刻璽鑄印外，也要偽造漢節，《漢書．景十三王傳》載，江都易王建欲叛，刻璽鑄印製綬，並「作漢使節二十」。

關於節的使用，上可溯到秦代，下沿至魏晉南北朝時期。據《漢書．高帝紀》，秦王子嬰在霸上向沛公投降時，封皇帝璽符節。顏師古注：「節以毛為之，上下相重，取象竹節，因以為名，將命者持之以為信。」這是說的秦節的形象。至於魏晉時期，則有持節都督。晉世持節都督分為三級，「使持節為上，持節次之，假節為下」，這時「節」主要是用於軍事方面。南北朝時，凡出任地方領兵將帥的，都照例持節。

漢代的節，據《漢官儀》記載，是「以竹為之，柄長八尺，以牦牛尾為其眊三重」。漢尺約合今二十三釐米，可知是在一根約長一．八米的竹柄上，束有三重用牦牛尾製的節旄。西漢初年，節旄是染成純紅色的，可是在前述武帝晚年戾太子叛亂事件中，因太子掌握有赤節，所以皇帝就在節上加黃旄以資區別。這種節的形象，在漢魏六朝的畫像中可以看到。西元一九七一年秋，在內蒙古和林格爾縣新店子發現一座大型東漢壁畫墓，其中有一幅表現死者生前任「使持節護烏桓校尉」時乘車出行的場面，據《後漢書．百官志》，護烏桓校尉，比二千石，注引應劭《漢官儀》載，護烏桓校尉是「擁節」的。壁畫畫面正與史載相合。在畫中主車的後面，斜豎著一上有三重紅旄的節，雖然細部不太清晰，但三重節旄的輪廓和它們在節杖上的位置還是可以看清的（圖一）。更清晰一些的節的圖像，時代較晚，已是見於東晉墓的壁畫，有以下兩例。其一是西元一九六三年在雲南昭通後海子發現有一座東晉壁畫墓，由墓內墨銘可知為東晉太元十□年（西元三八六～三九四年）霍承嗣墓，他的官銜是「使持節都督江南交寧二州諸軍事建寧越巂興古三□□守南夷校尉交寧二州刺史」，在墓室後壁正中有他的畫像，像旁立有一節，在豎直的節杖上束有三重節旄（圖二），和漢代的節的形制相同。其二是在朝鮮安岳發現的冬壽墓中，在冬壽畫像左側也立有一上東三重節旄的節（圖三），據墓內墨銘，紀年為東晉永和十三年，即昇平元年（西元三五七年），其官職為「使持節都督諸軍事平東將軍護撫夷校尉樂浪□昌黎玄菟帶方太守」，按冬壽原為前燕司馬，後奔高句麗，但其官職既不是高句麗的，也不會是前燕的，卻是東晉常見的，墨銘又奉東晉紀元，可見即使不是東晉所封而是其自封的話，他也是自臣於東晉的。從以上三例，我們就大致可以瞭解兩漢魏晉以來節的具體形象了。

賜節的制度，隋唐以後已經衰落。但節的形象還一直保留在皇帝出行時的鹵簿之中，它的形象日趨華麗，僅具裝飾意味，已失去漢晉時的含意。北宋大駕鹵簿中的「金節」，已是在黑漆竿上施圓盤，周綴紅絲拂八層，黃繡龍袋籠之的形象。到了明代，金節的面貌又有了新的變化，由直竿改成朱漆攢竹竿上加了貼金的銅龍頭鈎，把紅纓節球掛在鈎上。到了清順治年間金節的制度和明代差不多，只是所懸紅纓球

〔圖一〕東漢壁畫

〔圖二〕東晉壁畫

〔圖三〕冬壽墓畫像

的數目是五個，以黃素紗繡雲龍為籠，綠皮球帽四角綴銅鈴。現代京劇舞台上演出「蘇武牧羊」，演員所執的道具，形似長拐杖，杖首像屈曲的龍頭，龍口垂懸紅纓球數朵，實際是模擬著明清以來的金節，與漢節的形象毫無相似之處。

在我國古代，除了秦漢使用的竹柄毛旄的節以外，在周代還使用另一種類型的節。那是用劈開的竹筒製成的，或者用金屬鑄成竹節的形狀，例如西元一九五七年在安徽壽縣出土的著名的鄂君啟節，是銅質，銘文錯金，那是楚懷王頒發的陸路和水路通行證，在限定的行期和規定的車、船數目之內，行經關卡時憑節可以免稅。

（附記：本文是在《節是什麼》一文的基礎上，增加了有關考古與文獻資料後改寫的。）

# 「露布」絮語

／方南生

露布作為一種文告的同義詞，今天已不使用，但在史書上卻屢見不鮮。所以搞清楚它的來源、含義，尚不無用途。

據可查到的資料看，露布這個詞的最早出現，要上溯到東漢。《後漢書．鮑昱傳》有這樣記載：「鮑永為司隸校尉，子昱復拜焉。光武詔昱詣尚書，使封胡降檄。又遣小黃門問昱有所怪不？對曰：『臣聞故事，通官文書不著姓，又當司徒露布，怪使司隸下書而著姓也。』帝報曰：『吾故欲令天下知忠臣之子，復為司隸也。』」光武帝特意要鮑昱起草一份署名的文件，鮑昱思想不通，認為這不該用他個人名義，也不該由司隸校尉來起草，應當由司徒來「露布」，即由司徒來公開下達就行了。可見最初的「露布」一詞，是作動詞使用的。《後漢書．李雲傳》：「雲素剛，憂國將危，心不能忍，乃露布上書。」這裏的「露布」，指的是「不緘口」的公開信，目的要讓大家都知道。露布，就是不封口。《太平御覽》卷五九七引《漢官儀》云：「凡制書皆璽封，尚書令重封。唯赦、贖令司徒印，露布州郡也。」這裏的「露布州郡」，就是曉喻天下，可見露布最早包含公開下達，公諸於世的意思。

魏、晉時期，「露布」漸漸成為一種軍旅上專用的文書，由動詞變成名詞。當時也有寫在木板上的，所以也叫露版，目的是想讓大家火速瞭解最新形勢，起政治宣傳和鼓動作用。《封氏聞見記》卷四曾記道：「所以名露布者，謂不封檢而宣布，欲四方速知，亦謂之露版。《魏武奏事》云：『有警急，輒露版插羽』是也。」露版上插羽毛，表示急上加急，有類雞毛信。《世說新語》文學第四也記載了晉時「桓宣武北征，袁虎時從，被責免官。會須露布文，喚袁倚馬前令作，手不輟筆，俄得七紙，絕可觀」。可見露布是軍事上緊急應時之作。

露布一詞之被廣泛使用，應首推南北朝時代，尤其是北朝。以後歷代帝王征討敵手，露布一詞也屢見不鮮。最著名的有征虜將軍韓顯宗拒作露布事，《魏書．韓顯宗傳》記有：「二十一年，車駕南伐……顯宗至新野，高祖詔曰：『卿破賊斬帥，殊益軍勢，朕方攻堅城，何為不作露布也？』」又有《彭城王勰傳》：「從征沔北，高祖令勰為露布，勰辭曰：『臣聞露布者，布於四海，露之耳目，必須宣揚威略，以示天下；臣小才，豈足大用。』」《隋書．禮儀志》也記有：「後魏每攻戰剋捷，欲天下知聞，乃書帛，建於竿上，名為露布，其後相因施行。」露布寫在絹帛，高懸竿上，既便於舒卷，又便於觀覽，比木製的露版更輕便些。《隋書．禮儀志》又云：「開皇中，乃詔太常卿牛弘、太子庶子裴政撰宣露布禮。及九年平陳，元帥晉王，以驛上露布。兵部奏，請依新禮宣行。承詔集百官，四方客使，並赴廣陽門外，服朝衣，各依其列。內史令稱有詔，在位者皆拜，宣（露布）訖，拜，舞蹈者三，又拜。」可見至隋已經制訂了一套宣露布的禮儀。至唐，正如封演所云：「諸軍破賊，則以帛書建諸竿上，兵部謂之露布，蓋自漢以來有其名。……自後因循，至今不改。近代諸露布，大抵皆張皇國威，廣談帝德，動逾數千字，其能體要不煩者鮮云。」（見《封氏聞見記》卷四）這裏已涉及露布的寫法問題了。

按露布作為軍旅文書，尚可上溯至上古時代，只是當時不叫露布，而叫檄或誓等別的名稱罷了。唐李賢等《後漢書．鮑昱傳》注：「檄，軍書也，若今之露布也。」說明唐代的露布，即古來之檄文。劉勰《文心雕龍》對此闡述最為明確，《檄移篇》云：「齊桓征楚，詰苞茅之闕；晉厲伐秦，責箕郜之焚；管仲呂相，奉辭先路。詳其意義，即今之檄文。暨乎戰國，始稱為檄。檄也者，皦也，宣露於外，皦然明白也。張儀檄楚，書以尺二，明白之文，或稱露布，播諸視聽也。」十分清楚地剖析檄文起於戰國，甚至可以上溯至三王誓師文告。所謂先「告之以文辭」，然後「董之以武師」，也就是「震雷始於曜電，出師先乎威聲」，務使「觀電而懼雷壯，聽聲而懼兵威」，造成泰山壓頂的聲勢，給敵人以心理上的壓力。至唐代如徐敬業要出兵討伐武則天，先叫駱賓王起草一道激昂慷慨、義憤填膺的討伐檄文。近代如袁世凱想做皇帝，蔡鍔等從雲南通電全國，發出了淋漓盡致的討袁檄文。這些都是不同時代的檄文或露布，只是形式不同而已。開始是把誓詞刻寫在尺二的木簡上，其後或刻寫於木版上，或漆書於絹帛，揭之於竿上，或寫於紙上，或通過電波，播送全國，做到家喻戶曉等等。從以上事例可見，露布多用在軍旅出動之前，或軍事活動結束、大獲全勝之後，有時也用在兩個戰役之間，用以宣揚武功，擴大影響，鼓舞鬥志，瓦解敵人。古來有些書，認為露布，只是捷書的別名，這種解釋顯然是不夠全面的。近如舊《辭源》解為「古者用兵獲勝，上其功狀於朝，謂之露布」，也是沿襲這種說法。

總之，露布一詞，最初只作為動詞出現，其後才漸漸變成軍旅上專用的一種文書。它的內容要求簡練扼要、旗幟鮮明，富有說服力、號召力；用字遣詞，力求通俗易懂，形象生動；起草要求迅捷，發表必須及時，才能起到宣傳鼓動的作用。正如劉勰所云：「故其植義颺辭，務在剛健，插羽以示迅，不可使辭緩；露版以宣眾，不可使義隱；必事昭而理辨，氣盛而辭斷，此其要也。」這樣才算一篇好的或比較好的檄或露布。

# 從「呂布射戟」談戟和鬥戟

／楊泓

「呂布射戟」，是三國時期頗具戲劇性的歷史事件。據《三國志．魏書．呂布傳》，袁術遣大將紀靈統軍三萬攻小沛，劉備因而向呂布求救。「布於沛西南一里安屯，遣鈴下請靈等，靈等亦請布共飲食。布謂靈等曰：『玄德，布弟也。弟為諸君所困，故來救之。布性不喜合鬥，但喜解鬥耳。』布令門候於營門中舉一只戟，布言：『諸君觀布射戟小支，一發中者諸君當解去，不中可留決鬥。』布舉弓射戟，正中小支。諸將皆驚，言『將軍天威也』！明日復歡會，然後各罷。」根據這一史實，小說家後來寫出描繪生動的小說，戲劇家創造了膾炙人口的名劇，因此一般人都認為戲台上的所謂「方天畫戟」的道具，就真是當年呂布軍中使用的戟，其實那演戲的道具的外形，與漢魏三國時軍隊用的兵器——戟，毫無相似之處。

漢魏三國時期，戟是軍隊中裝備的主要格鬥兵器，步卒和騎兵都使用，在《三國志》中經常有用戟戰鬥的記載，除《呂布傳》外，如《張遼傳》、《典韋傳》、《太史慈傳》、《甘寧傳》等都有，例如張遼守合肥時，面對孫權的優勢兵力，「遼被甲持戟，先登陷陳，殺數十人，斬二將，大呼自名，衝壘入，至權麾下」。嚇得孫權只好「走登高冢，以長戟自守」。又如曹軍中名將典韋，「好持大雙戟與長刀等，軍中為之語曰：『帳下壯士有典君，提一雙戟八十斤』」。當張繡襲曹營時，典韋力戰，「以長戟左右擊之，一叉入，輒十餘矛摧」，神勇異常。除長戟和雙戟外，還使用防身的短柄手戟，據《三國志．吳書．太史慈傳》，他曾與孫策雙騎搏戰，「策刺慈馬，而攬得慈項上手戟，慈亦得策兜鍪」。又在《呂布傳》中，也有董卓「拔手戟擲布」的記載。綜上所述，三國時戟是軍中常用的兵器之一，因此呂布隨便地命令在營門舉一只戟，就不足為奇了。這裏應予注意的，倒是呂布一箭射中戟的「小支」的記載，它表明了當時戟這種兵器的形體特徵。三國時使用的戟，都是鋼鐵製造的，戟體較長，前鋒伸出兩側帶刃的尖刺，在鋒刺的一側，橫伸出一支向前弧曲的旁刺，就是「小支」。這種兵器兼有刺、挑、叉、鈎、斫等多種功能，具有較強的殺傷力。這些形體上的特點，正是承繼著東漢的傳統。下面讓我們追溯一下東漢以前戟這種兵器的歷史。

戟的出現，大約是在商代。在發掘河北藁城臺西的商代遺址時所獲得的青銅兵器中，有一件用木柄把一件戈和一件矛聯裝在一起的兵器，可以說是後來「戟」的雛形。到了西周時期，在陝西、甘肅、河南、山東和北京等地發掘的西周墓中，在成組的青銅兵器裏常可發現青銅鑄造的戟，說明這種兵器的使用已較為普遍了。這些西周的銅戟，不是用木柄聯裝戈、矛而成的，是以青銅合鑄為一體，從形體方面的特點來看，又可以分為兩種。出土數量較多的一種，看來是以

「戈」為主體構成的（圖一），它是在一件長「胡」的戈「援」的後尾靠近「闌」處，鑄出一前伸的鋒刺，有的還把鋒端鑄成反捲的鈎狀（圖二），在戈「內」處，也有的鑄成反捲的鈎狀。另一種戟則是以矛為主構成的，在有圓銎的矛體一側，聯鑄出垂直旁伸的尖刺，只在河南濬縣辛村發現過。不論是哪一種，看來當時兵器設計者的想法，都是要把戈和矛的功能，結合在一件兵器上面，藉以增強對敵人的殺傷力。這種整體合鑄的青銅戟，前有援，尾有內，上有刺，下有胡，總體呈「十」字形，本身不夠牢固，鑄造時工藝水平又要求的較高，因此沒有發展前途，以致僅在西周時出現過，以後就不再使用了，頂替了它的位置的是分製成戈和矛，然後用木柄（柲）聯裝在一起的戟。矛戈聯裝的戟，雖然過去傳世品中也有不少，但是由於木柄朽毀，因而金石學家們收集到時它們已經分離，因此戟體被認為是戈，戟刺被認為是矛，一直不明其廬山真面目。只是在近代，才在考古發掘中獲得了這種戟的完整的標本。自春秋到戰國時期，普遍使用著這種戈矛聯裝的戟。為了增強殺傷能力，有時還在長柲上自上而下聯裝兩件或三件戈頭，例如在湖北隋縣曾侯乙墓出土的兵器中，就有保存完整的三聯裝的戟（圖三），同時在該墓漆棺的畫像中，還有手執二聯裝的戟的神怪畫像。從春秋末期開始，還採取了加大戈和柲的夾角、在內和胡上作出利刃等辦法，來增強戟的殺傷能力。

隨著冶金技術的發展，鋼鐵走上歷史舞台以後，在兵器製造方面引起了巨大的變革，戟也隨之有了新的變化。戰國末年，開始出現了鋼鐵製造的戟，不但質地變了，形狀也隨之有了變化。鋼鐵質堅而韌，不像青銅質脆易折，因此可以把戟刺製成尖銳修長的形式，在它的下側，垂直伸出側旁的刺（即相當於戈、矛聯裝戟的戈援），它已不像原來那樣寬肥而有中脊的形式，也和前鋒一樣窄長尖利，這就是通常稱為「小枝」的部位。和「援」對應的「內」部，已經消失了，只在小枝下側留有較長的「胡」，用來縛柲。這樣一來，戟的整體近於「卜」字的形狀。戰國時期鐵戟的代表，可以參看河北燕下都第四十四號叢葬墓中出土的鋼或鐵製的十二柄戟。從戰國到秦漢時期，這種鋼鐵的戟成為步兵和騎兵的主要兵器之一，因此有時就用「持戟」這一名詞來泛指兵士，如《漢書．高帝紀》，田肯曾向劉邦說：「秦，形勝之國也，帶河阻山，縣隔千里，持戟百萬，……」西漢時期的戟，大體上和前述燕下都出土的戰國戟相同，只是鋒刺和小枝的寬度稍有增加，河北滿城西漢中山國靖王劉勝墓中出土的鋼戟，是典型的例子。西漢以後，戟的形狀逐漸有了一些變化，主要表現在側下的小枝的改進上，由原來與中間的戟體垂直，逐漸改成小枝垂直橫出後，再向上弧曲，使枝刺上揚，以增強殺傷能力（圖四）。這樣的戟一直沿用到三國時期，呂布所射的，就應是這種形制的。以後，戟的小枝由向上弧曲改成上折，形成雙叉形，南北朝時期就使用這種戟（圖五），以後沿用到隋或初唐，陝西三原縣發現的唐貞觀五年（西元六三一年）葬的李壽墓中，石槨上所刻被甲武士所持的還是這樣的長戟。初唐以後，戟這種兵器日益衰落，逐漸被從軍隊中常用的格鬥兵器的行列中淘汰出去，但是它的另一種功能則日益突出，那就是表示身分的儀仗，也就是門前列戟的制度。

在漢代，貴冑門前常設有放置兵器的架子——蘭錡，例如張平子《西京賦》描述都中甲第：「木衣綈錦，土被朱紫。武庫禁兵，設在蘭錡。」劉逵《魏都賦》注說：「受他兵曰蘭，受弩曰

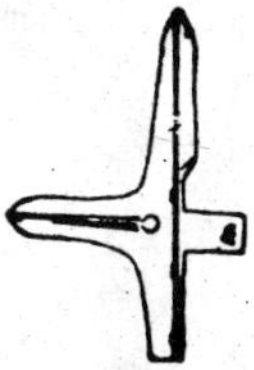

〔圖一〕商代的戟

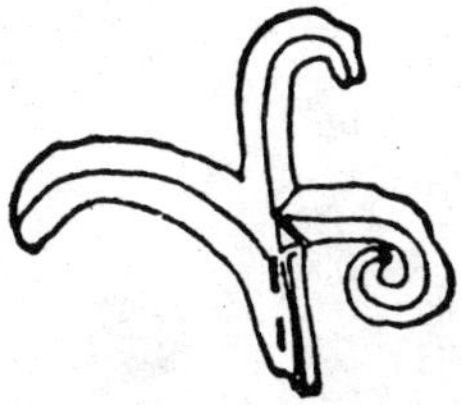

〔圖二〕商代的戟

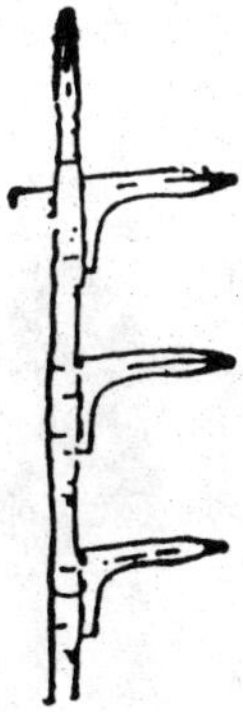

〔圖三〕春秋～戰國的戟

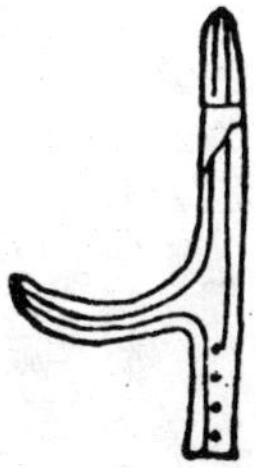

〔圖四〕西漢的戟

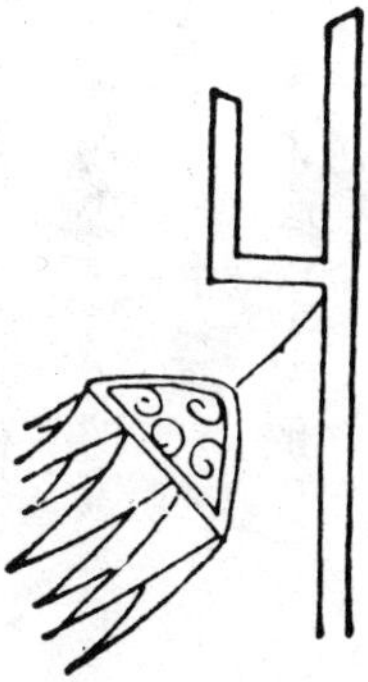

〔圖五〕三國的戟

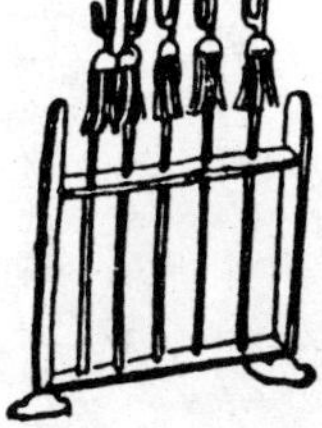

〔圖六〕唐代的戟

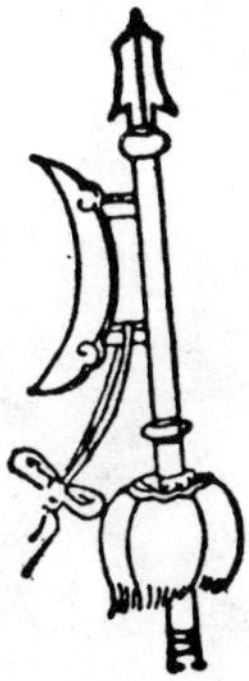

〔圖七〕北宋的戟

錡，音蟻。」蘭上插的戟帶有套子，即所謂「棨戟」，具有儀仗的性質。這種門前陳放蘭錡的作法，在三國時已很盛行，例如左思在他的著名的《三都賦》中，在《吳都賦》和《魏都賦》中都有描述。可能後來門前列戟的制度，就濫觴於此，從有關的文獻記錄來看，至少在北周時高級官吏門前已有設門戟的制度。《周書．達奚武傳》說武「及居重任，不持威儀，……外門不施戟，恆晝掩一扉」。可證外門施戟，已是通行的定制。到了隋朝，門戟制度已有較嚴格的規定。這可以由《隋書．柳彧傳》所記高弘德請列戟未成的事跡證明。「時制三品已上，門皆列戟。左僕射高熲子弘德封應國公，申牒請戟。或判曰：『僕射之子更不異居，父之戟槊已列門外。尊有壓卑之義，子有避父之禮，豈容外門既設，內閤又施！』事竟不行，熲聞而嘆伏。」到了唐代，門戟制度的規定更為具體，並且不同時期還有所修訂，在《唐六典》、《新唐書．百官志》和《通典》中均有記錄。據《新唐書．百官志》，門戟的管理歸衛尉寺武器署，「給六品以上葬鹵簿、棨戟。凡戟，廟、社、宮、殿之門二十有四，東宮之門一十八，一品之門十六，二品及京兆、河南、太原尹、大都督、大都護之門十四，三品及上都督、中都督、上都護，上州之門十二，下都督、下都護、中州、下州之門各十。衣幡壞者，五歲一易之。薨卒者既葬，追還」。通過近年來西安地區唐代墓葬的發掘，發現許多墓室的壁畫中畫有門戟的形像，可以與文獻相印證（圖六）。其中時代最早的，就是前引的淮安郡王李壽（李神通）墓，畫出列戟兩架，每架各七戟，共十四戟。至於其中級別最高的，是懿德太子李重潤墓，因葬制「號墓為陵」，因此畫出的兩架門戟各十二戟，共二十四戟，正合於皇帝宮門的制度。和他前後改葬的章懷太子李賢和永泰公主李仙蕙的墓中，門戟等級低於懿德太子，分別為十四戟和十二戟。這些門戟的形狀，都是戟刃呈雙叉形，刃下繫有彩幡，幡上飾有虎頭圖案。門戟的制度直到宋代仍然沿用，並規定戟刃改為木質，完全失去了兵器的功能，僅為擺樣子的儀仗，據《宋史．輿服志》：「門戟。木為之而無刃，門設架而列之，謂之棨戟。天子宮殿門左右各十二，應天數也。……臣下則諸州公門設焉，私門則府第恩賜者許之。」到了北宋時期，自戰國以來到唐初曾大量使用的鋼鐵質的格鬥兵器——戟，早已在戰場上絕跡，《武經總要》這部軍事百科全書中，就沒有再收入戟這種兵器，但是在該書所載大量的長柄刀類兵器中，錄有一種異形的刀，稱為「戟刀」，它在一側有一個月牙狀的刃（圖七），後世人們所謂的「方天畫戟」之類即在武術中或戲劇中出現的器械，正是沿襲著宋代「戟刀」的形制而出現的，它們是與古代的戟並無關係的另一種類型的器械了。

# 從《武經總要》看宋初的火藥和火器

／王兆春

火藥是我國古代的四大發明之一，它對人類的偉大意義，素為全世界所公認。火藥不是少數人在短期內取得的成果，而是由我國古代勞動人民、藥物學家、煉丹家、軍事家、科學家，經過幾個世紀的努力，在生產活動、科學實驗和軍事鬥爭的長期過程中逐步發明和完善的。許多史籍證明，我國最早的火藥，是在西元九世紀後半期唐末宋初問世的。但是，第一次完整地刊載火藥的配方和製造工藝的是《武經總要》。《武經總要》是曾公亮等奉宋仁宗之命撰修的。西元一〇四四年成書，共用了四年時間，全書四十卷，在第十一、十二卷中，刊載了引火球、毒藥煙球、蒺藜火球三種火藥配方。這三種火藥的主要原料硝、磺、炭的重量及其組配比率①是（見下頁圖括號內為組配比率）：

| 火藥名稱 | 硝 | 磺 | 炭 | 總重(兩)[2] |
|---|---|---|---|---|
| 引火球 | 40兩(50%) | 21兩(26.5%) | 18.2兩(23.5%) | 79.2 |
| 蒺藜火球 | 40兩(50%) | 20兩(25%) | 20兩(25%) | 80 |
| 毒藥煙球 | 30兩(49.4%) | 15兩(24.8%) | 15.7兩(25.8%) | 60.7 |

從這三種火藥配方的組配比率看，它們同近代黑色火藥已相距不遠。近代的黑色火藥，由於硝占百分之七十五，因而可以作為發射火藥，用來製造槍彈、炮彈。而這種火藥配方，由於硝占百分之五十，所以還不能作為發射火藥用。但是，它們已具有爆破、燃燒、煙幕等作用，從而被軍事家們製成火器用於戰爭。

這三種火藥配方的刊載流傳使火藥的組配比率從混亂到統一，成分從龐雜到統一純淨，同時使製造工藝從粗糙到精細，生產從分散少量到成批多量，從而為我國第一批軍用火器的發明和製造，提供了物質條件。

《武經總要》還記載了我國製成的世界上第一批軍用火器。當時製造的火器，種類很多，但是大而別之，主要是火球類火器和火箭類火器。火球類火器有火球、引火球、蒺藜火球、霹靂火球、煙球、毒藥煙球、鐵嘴火鷂、竹火鷂等八種；火箭類火器有普通火箭和火藥鞭箭兩種。

火球類火器的形製雖然很多，但其性能和作用沒有多大差別。它們的製法是先把火藥同鐵片一類殺傷物或致毒藥物，用多層紙裹上封好，有的留有小孔安放點火引信。作戰時，將火球類火器安放在炮架（即當時各種軍用拋石機）上的甩兜中，然後點著引信（不用引信的火球，是用燒紅的烙錐，將球烙透發火），拋石機即將它們拋射至敵軍陣地爆破，達到燒夷敵軍人馬的目的；毒藥煙球是在爆破後噴散毒氣，使敵軍人馬中毒，口鼻流血，喪失戰鬥力；蒺藜火球是在爆破後將鐵蒺藜撒落在敵軍陣地及通路上，障礙敵軍人馬的行動；有的火球或在爆破後發出大量煙霧以遮障敵軍；或在爆破後發出大量火焰薰灼敵軍等等。

火箭類火器主要是先在箭頭上附著上火藥包，使它一面燃燒，一面由弓弩發射至敵軍陣地，燒夷敵軍人馬；火藥鞭箭是將火藥裝入竹管中，點火以後掛在高桿上，利用箭的彈力拋射至敵軍陣地，使目的物燃燒。

這兩類火器，都是用機械力將戰鬥部運載（或拋射）至敵方爆破燃燒。戰鬥部的運行（或飛行）速度、距離，以及殺傷威力，都比非火藥火攻器具大得多。因此，火藥火器的出現，使作戰武器發生了一個飛躍性的進步。

因為《武經總要》是官修御定的，所以它所刊載的火藥配方及火器製造的資料是比較可靠的。這些火器，一般是經過政府的軍事機關鑑定驗收的；或者是經過軍隊試驗使用認為性能比較精良的；或者是當時用來裝備部隊用於實戰的。這在史書中是多有記載的。例如，北宋開寶三年（西元九七〇年），「兵部令史馮繼升等進火箭法，命試驗，且賜衣物束帛」③。從這一記載可知，馮繼升所進的火箭，已非以往的一般火箭，在經過試驗成功後，政府還給予物質獎勵，以鼓勵他的研製成功。此後爭獻火器者不斷出現。北宋咸平三年（西元一〇〇〇年），「神衛水軍隊長唐福，獻所製火球、火蒺藜」④；咸平五年，冀州（今河北省冀縣）團練使石普，獻自製的火箭、火球。因此，《武經總要》所記載的火球、火箭之類的火器應是上述軍事人員所爭獻的火球和火箭的改進與提高後的製品，也是當時政府下屬有關生產部門所製產品的樣本。

《武經總要》刊載的火藥火器，雖然還是初級的，但是，正由於我們的祖先首先成功地發明並使用了這些火器，因而最早解決了人類將火藥應用於軍事的一些重大的理論和實踐問題，在中國和世界的火器發展史和軍事技術發展史上，寫下了光輝的第一頁。

《武經總要》所刊載的火藥配方和火器製造，對明代的火器製造業的發展，以及各種記載火器製造的軍事書籍的出版，都產生了巨大的影響。其中最明顯的是明代天啟元年（西元一六二一年）由茅元儀編輯出版的《武備志》。《武備志》直接仿效《武經總要》的編輯體例而成書二四〇卷，其中用火器法、製火器法及火器圖說就有十六卷之多。這十六卷在更廣泛、更深入、更科學的基礎上，分門別類地詳細介紹了一百五十多種火器的製造和使用，可以說，它是我國古代火器製造和使用最興旺發達時期的光輝記錄。其他如李盤的《金湯十二籌》、王鳴鶴的《登壇必究》等記載火器的兵書，都無不受《武經總要》的影響。

《武經總要》所刊載的火藥配方和火器製造，也是世界上許多兵器史學家研究火器發展史的珍貴資料。日本兵器史學家有馬成甫先生，在他所著的《火炮的起源及其流傳》一書中，經過對世界各國有關火藥發明和火器製造的文獻資料對比鑑定之後認為，《武經總要》證明了中國是世界上最早發明火藥和首先使用火器的國家。多年研究中國科技史並有專著的英國學者李約瑟先生，在第十六次國際科學史大會上說：「在西元一〇四四年的《武經總要》中，記載著三種關於火藥的配方，它們是所有文明國家中最古老的配方。」（《科學史譯叢》西元一九八二年第二期）據記載，大約在西元一二二五年至一二四八年之間，有一個名叫阿伯德爾·阿拉·伊本·阿爾拜他⑤的阿拉伯人，在自己的醫書中提到了硝，並且把硝稱為「中國雪」⑥。可見阿拉伯人是在西元十三世紀前半期才從中國人處知道硝這種物質的。後來經過通商和戰爭的途徑，中國發明的火藥和火器，才在十三世紀末期流傳到阿拉伯。接著，又經過阿拉伯人傳到了歐洲。

因此，《武經總要》一書，確鑿地證明了歐洲人開始使用火藥和火器，至少要比我國晚三個世紀以上。

## 注釋

①組配比率：組成火藥的主要原料硝、礦、炭各在火藥中所占的百分比。

②兩：此處一兩等於十六分之一斤或一斤等於十六兩。

③④《宋史·兵志十一》卷一百九十七。

⑤此名的拉丁文書寫是：Abdel-Allah-Ibn-albytha。

⑥恩格斯在《炮兵》一文中也有同樣說法。

# 管形射擊火器的發明及其西傳的例證

／王兆春

繼唐末宋初火箭類和火球類火器應用於作戰之後，隨著火藥性能的日益改良，火器研製的不斷發展，戰爭的迫切需要，新式的、更高級的管形射擊火器便應運而生了。

西元一一三二年（南宋高宗紹興二年），對軍事技術頗有研究的陳規，在守德安（今湖北安陸）時，首次使用了「以火炮藥」製造的「長竹竿火槍二十餘條」。①作戰時，由兩名士兵共同使用一條，一人持槍，一人點燃槍中火藥，用以噴火燒灼敵人，焚毀敵軍的攻城器械——「天橋」。這裏所說的長竹竿槍，就是世界上最早出現的管形火器。此後，仿效者蜂起，各種管形火器便相繼問世。其中較有代表性的是金軍使用的飛火槍。西元一二三二年（南宋理宗紹定五年），金軍在蒙古大軍圍攻汴京時使用了飛火槍。次年，蒙軍又圍攻逃至歸德（今河南商丘縣南）的金軍。金忠孝軍首領蒲察官奴率四百五十名士兵持飛火槍夜襲蒙軍兵營，蒙軍不支而潰，淹死三千五百餘人。②這種飛火槍的槍筒，由十六層敕黃紙捲成，長二尺多，筒內裝火藥及鐵滓

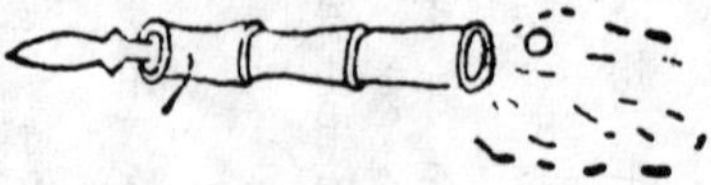
〔圖一〕

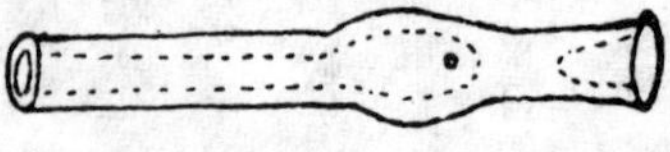
〔圖二〕

〔圖三〕

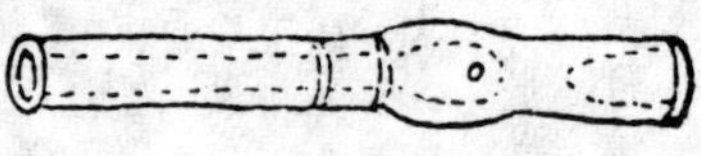
〔圖四〕

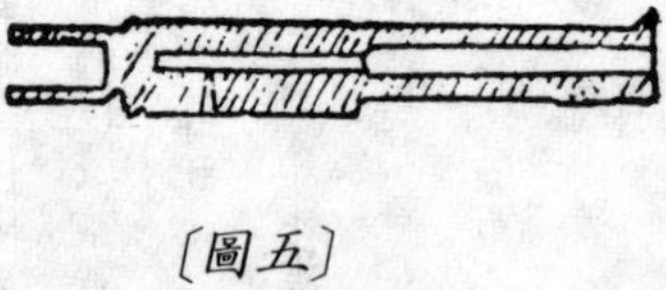
〔圖五〕

末，用繩縛繫在槍端，持槍的士兵帶有鐵火罐，內藏火源，作戰時，用以點燃槍筒內的火藥，噴出火焰達十多丈（一說十多步）遠，使敵軍觸火傷亡。

竹火槍和飛火槍只是以利用火藥的燃燒性能為主的初級管形火器，而西元一二五九年（南宋理宗開慶元年）壽春府（今安徽壽縣）製成的突火槍，方宣告了管形射擊火器的正式誕生（圖一）。突火槍用巨竹做槍筒，筒內安放火藥及子窠（當時的子彈）。這種子窠由筒內的火藥燃燒後產生的氣體推力射出，以擊殺敵軍人馬，同時發出巨大的聲響。③這是射擊原理的最初應用。

我國記載上述幾種竹筒、紙筒製作火槍的歷史文獻，向為世界許多火器史學家所珍視。英國的帕廷頓教授，在西元一九六〇年出版的《燃燒劑（也譯成希臘火）與火藥史》中，於肯定我國是火藥發明國的同時，深入地研究了這些文獻，認為突火槍的發射原理，是後世歐洲步槍發射原理的先導；突火槍是世界上最早的管形射擊火器。五年後，英國的勃蘭克莫在其著作中進一步肯定了這種意見，認為帕廷頓教授的結論，是在研究了所有可能得到的中國文獻（另有資料說他還看了許多阿拉伯文、梵文的文獻）後得出的。

竹筒和紙筒火槍經過幾次發射之後，容易被燒蝕、焚毀和爆裂，同時也承受不了由於火藥性能的改良和裝藥量的增加而增大的壓強，所以不久就被能夠承受更大壓強的、經久耐用的金屬火銃所取代。

金屬火銃何時開始製作使用，因缺乏歷史記載而未有定論。有的日本學者，曾根據明永樂十年（西元一四一二年）東寧伯焦玉為《武備火龍經》所寫的序言，推斷為西元一三五五年。因為該序言提到：「至正十五年（西元一三五五年）乙未，我聖祖皇帝（朱元璋）起兵和州……予按師法鑄火龍槍（一說火器）數十件，上獻我朝。大將軍徐達命試，勢若飛龍，洞透層革。」但是，這段敘述只能說明朱元璋開始採用火龍槍的年代，卻不能說明火龍槍是我國最早的金屬火銃。因為我國自解放後不斷挖掘出土的元、明火銃，證明使用火銃的年代更早了。西元一九七〇年黑龍江省阿城縣半拉城子出土了一件銅火銃④。經專家鑑定，該銅火銃製作年代的下限，不晚於西元一二九〇年（元至元二十七年）（圖二）。西元一九七四年西安東關景龍池巷出土的銅火銃⑤，其製作年代也應在十三世紀末至十四世紀初。再晚一些年代的製品就更多了。

經我國學者研究認為，蒙古人於滅宋建元以後不久，就在繼承宋人、金人製作竹、紙筒火槍的基礎上，製成了金屬火銃，並將它應用於對內對外的戰爭中。焦玉進獻朱元璋的火龍槍，是當時製作比較精良、威力比較大的一種。明朝建立以後，金屬火銃的製造和應用，都得到了進一步的發展。不但用於陸戰，而且用於水戰。又因作戰的需要，火銃逐漸向大重型和輕小型兩個方向發展。大重型火銃的銃膛大，裝藥多，威力大，用於野戰和攻城守城；輕小型火銃的銃膛小，裝藥少，重量輕，尾銎後可安木柄，用以裝備步兵作戰。這兩類火銃的不斷改進和發展，就形成了後世的火炮和步槍兩類火器。

自十三世紀後期至十四世紀初，元軍在同阿拉伯人的作戰中，將各種火槍帶到了戰場，阿拉伯人得到後即進行仿製和改進，製成了阿拉伯式的管形射擊火器「馬達法」（Madfa或Madifa）（圖三）。「馬達法」的實物雖不可考，但有可靠的文獻證明它確實存在過。列寧格勒博物館現在保存著一份阿拉伯文的文獻，它是西元一三〇〇年的手抄本。抄本中有一幅畫，畫上有一個阿拉伯人手持一個「馬達法」。

對於「馬達法」的構造和功用，著書介紹者不乏其人。德國的哥爾克在《火器史》中說，十四世紀時，阿拉伯人使用了與中國人同樣的火器「馬達法」。日本的有馬成甫考證得更具體，他說「馬達法」有一根長木柄，插在一個木管上，木管中裝有粉狀火藥，木管後部有一個小孔，用以插導火線點火，口部有一個球狀發射物。它同宋人的突火槍屬同一類型，只是不用竹管而用木管。德國人拉毛基在《炸藥史》中，不但介紹了木質管形的「馬達法」，而且介紹了阿拉伯人在稍後年代中製作的金屬筒「馬達法」，認為這是歐洲火槍的鼻祖。應該說，這種金屬筒的「馬達法」，既是木製「馬達法」的發展，又是對元人金屬火銃的仿製品，兩者都是中國發明的管形射擊火器傳入阿拉伯的極有說服力的例證。

同樣，阿拉伯人在十四世紀初同歐洲人的作戰中，也將自己的「馬達法」傳到了歐洲。經過仿製和改進，到十四世紀中葉，歐洲一些國家也製成了「馬達法」式的歐洲管形射擊火器——手持槍（英文名 handgun; 德文名 handbüchsen, 中文也譯成手銃）。在西元一三四三年的義大利尼里壁畫中，就畫有軍人手持「馬達法」式管形射擊火器作戰的情形。

中國發明的管形射擊火器西傳至歐洲的最好例證，是坦奈堡出土的小銅銃，人們稱它為坦奈堡手持槍。坦奈堡是一座不大的城堡，位於今德意志聯邦共和國的黑森州內。這座城堡在西元一三九九年遭到敵人的攻掠，被焚毀為廢墟。西元一八四九年，人們在這一廢墟的遺址上挖出了一個銅製的手持槍，它的尾柄已經腐朽，後來被保存在紐倫堡的日爾曼博物館中。坦奈堡手持槍口徑十七毫米，槍身全長三百三十毫米，膛長（從槍口到藥室前端）二百七十毫米，重一點二四公斤。它同西元一三七七年我國鳳陽府製作的明洪武十年銅銃⑥（西元一九七一年內蒙古自治區托克縣黑城公社出土）的形制極其相似。洪武十年銅銃的口徑二十毫米，銃身全長四百四十毫米，膛長二百八十毫米，重二點一公斤（圖四）。兩者除大小稍有差異外，其基本結構完全相同：銅銃都由尾部、藥室、銃膛三部分組成。尾銎可插木柄，便於操持。藥室部外徑稍大，有一個孔眼作為火門，用以插入導線，點燃火藥。銃膛部最長，約占銃身總長的三分之二左右。銃口內安放子彈（有石、銅、鐵各種）。有人說這兩個銅銃是同一母體的雙生兒，這個比喻是十分恰當的。坦奈堡手持槍的製作年代雖難以準確考證，但是德文手持槍（handbüchsen）一詞，在西元一三八八年才見於紐倫堡的文獻記載。據此可以推測，該銅銃大約製作於十四世紀七〇——八〇年代。以上考察說明。坦奈堡手持槍或者是對十四世紀中期中國元、明銅火銃的仿製和改進，或者是對阿拉伯「馬達法」的仿製和改進。但是，不論屬於哪種情況，歐洲金屬管形射擊火器的製作技術，由中國傳入的歷史事實是毋庸置疑的。

中國發明的管形射擊火器傳入歐洲後，促進了歐洲管形射擊火器的迅速發展。一方面用攜帶式輕型火器，從手持槍經過火繩槍、燧發槍、擊發槍、針擊槍的各個歷史發展階段，出現了近現代的各種軍用步槍；另一方面，又使重型火器經過各個歷史發展階段，出現了近現代的各種火炮。

管形射擊火器的西傳，不但促進了歐洲火器本身的發展，而且對歐洲社會的變革起了巨大的推動作用。

注釋

①陳規：《守城錄》卷四，第七頁。
②見《金史．蒲察官奴傳》。
③見《宋史．兵志十一》
④見《文物》西元一九七三年第十一期。
⑤見《考古與文物》西元一九八一年第三期。
⑥見《文物》西元一九七三年第十一期。

# 「封禪」的緣起和發展

／吉書時

封禪，是中國古時候統治者舉行的一種祀典。封為祭天，禪為祭地。封禪就是祭天地。

封禪產生於什麼時候，有兩種不同的說法。司馬遷在《史記．封禪書》裏認為，封禪產生於伏羲氏以前的無懷氏。無懷氏曾封泰山，禪云云山。春秋時期，齊桓公稱霸諸侯後，想舉行封禪，管仲說：古代封泰山、禪梁父者七十二家，知名的有無懷氏、伏羲、神農氏、炎帝、黃帝、顓頊、帝嚳、堯、舜、禹、湯、周成王，「皆受命然後得封禪」。經管仲勸說，齊桓公才停止封禪。馬端臨則認為「七十二家」的說法，是「陋儒之見」，「詩書所不載，非事實」，所以他在《文獻通考》中敘封禪是從秦始皇開始的。我們且不說七十二家封禪是否確有其事，封禪思想產生很早是無疑的，至少不晚於齊桓公時。封禪起源於人們對大自然的崇拜。

封與禪一般都是同時進行的。封，都在泰山。據說，這是因為泰山是東嶽，東方主生，是萬物之始，陰陽交替的地方；也有說因為泰山上有金篋玉策，能知人壽命長短。禪，在泰山附近的雲雲山、亭亭山、梁父（甫）山、社首山、肅然山，也有在會稽山舉行的。封禪雖同時進行，但封的儀式重於禪的儀式。這是因為天在上，地在下，人們認為天為陽，地為陰，天高於地。

封禪的儀式不但複雜，而且神祕。傳說時代及夏、商、周三代，雖有封禪之說，但無具體記載。進入封建社會，雖有記載，但各朝各代的封禪儀式不盡相同。這裏不能一一列舉，只能舉幾個例子。

秦始皇準備封禪時，他召集儒生博士七十人於泰山下，問封禪的禮儀。儒生眾說紛紜，有的說，古代天子封禪坐「蒲車」，以免損傷泰山的土石草木；有的說，要「掃地而祠，席用葅秸」。秦始皇認為這些話都是胡謅，難以施行，因此絀儒生，自定封禪的儀式。他乘車從泰山南坡上至山頂，「立石頌德，明其得封」，然後從山北坡下，禪於梁父山，禮節類似太祝之祀雍上帝，但封藏皆祕，所以世人不得而記。秦始皇在泰山遇上暴風雨，避雨於松樹下，因封松樹為「五大夫」，號五大夫松。現今泰山上的五大夫松，據說是明朝人重新栽種的，已不是秦始皇避雨時的松樹了。秦始皇封禪，是一封一禪。漢武帝封禪，則是兩封兩禪。他在封禪前，也曾經召集儒生討論。這些儒生也不懂得封禪的禮儀，一人一個說法，難以施行。漢武帝把準備好的「封祠器」讓他們看，他們又「拘於詩書古文」，說「不與古同」。不同在什麼地方，怎樣才與古同，誰也說不出來。於是漢武帝自定封禪禮儀，他到梁父山祭地，在泰山下東方，設壇祭天。壇廣一丈二尺，高九尺，下埋「玉牒書」。禮畢，漢武帝與少數大臣登上泰山頂，再次祭天。第二日從北山坡下，在泰山下的肅然山再次祭地，如祭后土禮。祭時用江淮一帶所產的一茅三脊草，各地珍貴的飛禽走獸及白雉諸物，並以五色土益雜封。在隆重的樂聲中，漢武帝身穿黃色衣服，親自跪拜。封禪畢，他下詔改元，並令諸侯在泰山下「治邸」。以後歷代封禪，基本上與比類同，但細節各異。

中國封建時代，舉行封禪的皇帝，有秦始皇、漢武帝、漢光武帝、唐高宗、唐玄宗、宋真宗等。想封禪而未果的，有魏明帝、（劉）宋文帝、梁武帝、隋文帝、唐太宗、宋太宗等。自南宋後，皇帝到泰山封禪，形式上是廢止了，但實質還保留著，這就是以後的幾朝皇帝把封禪與郊祀合二為一了。明成祖永樂十八年（西元一四二〇年），在北京南郊建天地壇，合祭天地。嘉靖年間，又將天地分祭，在北郊建方澤壇（即地壇）祭地，把南郊原建的圜丘改名為天壇，專門祭天祈穀。明朝郊祭時「陳戶口錢穀籍於壇下」。清朝時也在天壇祭天祈穀。

進行一次封禪，是要耗費大量資財的。貞觀初，唐太宗要封禪，魏徵進諫說：「陛下東封，萬國咸萃」，「須千乘萬騎，供帳之費，動役數州，戶口蕭條，何以能給？」封禪時「動役數州」，勞民傷財。貞觀時期尚難支付封禪費用，耗費之巨可想而知。封禪並不會真給帝王添德行，有些有見識的人早已認識到，如西晉史學家司馬彪就曾說過：「帝王所以能大著於後者，實在其德加於人，不聞在封矣。」唐太宗雖也想封禪，但他自己也認為：「如朕本心，但使天下太平，家給人足，雖闕封禪之禮，亦可比德於堯舜；若百姓不足，夷狄內侵，縱修封禪之儀，亦何異桀紂。」

既然封禪耗費巨大，為什麼歷代統治者還那麼熱衷？答案很簡單，因為封禪有維護封建統治的作用，他們利用人們對天的崇拜，進行欺騙。封禪的欺騙作用，歸納起來有如下幾點：

㈠**告訴上天已經改朝換代，新的帝王是接受天命，代天統治群民**。一般都是「受命然後得封禪」，即易姓之主才能改封，中興之主只能修封。東漢光武帝時本想修封，梁松力爭「以為必改，乃當天意」，光武帝接受了他的意見，進行改封。但未因此得到什麼祥瑞，於是追究梁松的責任，把他殺了。

㈡**封禪可以粉飾太平**。歷來封建統治者認為封禪是「太平盛世」的事，即「封禪以告太平也」，有德政的皇帝才有資格封禪。因此，誰封禪就意味著他有政績。封禪又是頌揚皇帝「功德」的機會，漢武帝在封壇上樹起三丈一尺高的大石碑，上刻：「事天以禮，立身以義，事親以孝，育民以仁。四守之內，莫不為郡縣，四夷八蠻，咸來貢職，與天無極，人民蕃息，天祿永得。」

㈢**封禪可以「誇示夷狄」**。封禪時有「夷狄」首領參加，可以向他們誇示王朝的太平、富裕、受天保祐等。宋朝的宰相曾率領文武百官、蕃夷僧道兩萬餘人，請求真宗封禪。真宗無力收復幽、薊失地，就想通過封禪，「鎮服四海，誇示夷狄」，洗刷失地之恥。

㈣**封禪能成「仙」**。據說黃帝因封禪而成「仙」。秦始皇、漢武帝都熱衷於求仙藥，他們「封泰山，本因好仙，信方士之言」，想得到仙丹，長生不老。就連光武帝封泰山，改元易號，也是「其意在久生，不言而自見矣」。不能長生不死，至少也想延年益壽。由於這些原因，儘管封禪勞民傷財，統治者也是樂於舉行的。

# 避諱淺說

／崔統華

避諱，是中國古代史上特有的一種歷史現象。它規定臣下對當代君主以及所尊者不得直稱其名，而要用其他方法稱呼，這就叫避諱。因此，「諱」，就是指那不得直稱的名字。

避諱起源於周。《左傳》記載魯桓公姬軌給太子命名，向大臣申繻徵詢意見，從申繻的答話中可以看出，西周雖有避諱，但尚無完備的避諱制度。周厲王名「胡」，周僖王又名「胡齊」；周穆王名「滿」，周襄王時代的王室子孫有名「王孫滿」者。可見到了東周，避諱制度仍不完備。

秦漢時代，隨著大一統政局的形成和鞏固，儒家學說在上層建築領域中逐漸占統治地位，避諱制度乃漸臻完備。時至唐宋，避諱極盛，避諱的禁令逐漸嚴格起來。有清一代，尤其雍、乾之世，諱禁之嚴，可謂登峰造極。觸犯諱禁成為清代文字獄案件中的重要組成部分。

翻閱中外古代歷史，社會形態儘管相同，但避諱卻是我國特有的產物。在「溥天之下，莫非王土，率土之濱，莫非王臣」的家天下思想統治下，在要求「尊祖敬宗」的宗法制度支配下，在意識形態領域中，避諱就成了家天下和尊祖敬宗的體現。統治者利用國家權力強令臣民為之避諱，這就是「國諱」。所以，避諱是宗法制度和國家權力的產兒。

為了「尊祖敬宗」，要求對於已死的君主，七世以內者必須避諱；七世以上者，可以不避諱。如顏師古注釋《漢書》時須避「虎」字（唐高祖李淵祖父名虎），到了王維、李白時代就不避「虎」字了。只有本朝開國君主的名字，歷代不許觸犯。只有宋代規定七世以上的君主名字，仍須避諱。物盛而衰，避諱亦然。它既是宗法制度的產物，必然隨著宗法制度的崩潰而消亡。辛亥革命推翻了最後一個封建王朝，延續了二千多年的避諱制度隨之宣告終結。對最末一個皇帝的避諱，在唐紹儀之後，就再也無人問津了（因避溥儀諱，唐紹儀一度改「儀」為「怡」）。

歷代封建王朝的諱制或弛或密，諱禁或寬或嚴，據其政治需要而有其獨自的特點，但就避諱方法而言，可有以下幾種。

## ㈠改字法

「改字」，就是對君主以及所尊者之名改用其他字代替。這種方法從秦、漢開始使用，歷代沿用不廢。

由於「改字」法實行，在古籍中出現了或改人姓、人名，或改地名，或改官職名稱，或改前代年號，或改書名，或改物品名稱，或改紀年干支等現象。而且哪個改，哪個不曾改，哪個又是經校書、考證者加以回改，給我們讀古籍造成很大障礙。只有根據歷史事實，檢校不同古籍對同一事實的不同記載，利用避諱資料等等，加以斟酌取捨。

秦、漢時代的諱制並不嚴密。秦始皇嬴政之父名子楚，《史記．秦始皇本紀》中稱「楚」為「荊」的地方，《正義》、《索隱》的注釋，皆稱因避莊襄王諱（名「子楚」）而改「楚」為「荊」。但《秦始皇本紀》記載始皇「六年，韓、魏、趙、衛、楚共擊秦」；李斯的《諫逐客書》，都不諱「楚」。

秦始皇名「政」，《史記索隱》在《秦楚之際月表》「端月」下注稱因避始皇諱，改「正月」為「端月」。又，一九七五年底，在湖北雲夢縣睡虎地考古發掘戰國末至秦代墓葬中出土了大量秦代竹簡，有一批叫做《語書》的竹簡，其中幾處遇到「正」字，都作「端」字，如「以矯端民心」，「毋公端之心」等，「端」應為「正」。顯然是為了避始皇諱而改的。但在《史記．李斯列傳》「將軍恬與扶蘇居外，不匡正，宜知其謀」，並不諱「正」。

《漢書．高帝紀》中，東漢人荀悅對劉邦的避諱解釋為：「諱邦，字季。邦之字曰國。」顏師古又進一步解釋：「『邦』之字曰『國』者，臣下所避以相代也。」「邦」與「國」為同義互訓之字（即詞義相同，可互相解釋）。用同義互訓之字相代以避帝王諱，成為漢代諱制。班固在《漢書》中對劉邦的諱就是運用這一原則。他在《漢書．食貨志上》引用《尚書．虞書．皐陶謨》「萬邦作乂」句時，改「邦」為「國」，作「萬國作乂」。《漢書．敘傳》：「嗣（班固的堂伯父）雖修儒學，然貴老嚴之術。」顏師古注稱：「『老』，老子也。『嚴』，莊周也。」這是班固為避當代皇帝劉莊的諱，把莊周的姓改為「嚴」。但他在《高帝紀》、《藝文志》諸篇中，或稱「項莊」，或稱《莊子》，並不避漢明帝諱。

現行二十四節氣之一的「驚蟄」，在《左傳．桓公五年》中作「啟蟄」，為了避漢景帝劉啟諱，劉安在他的《淮南子》中改「啟」作「驚」。司馬遷對漢文帝劉恆、景帝劉啟的諱，或避或犯。他在《史記．景帝本紀》中直書「立膠東王為太子，名徹」，竟敢不避當代帝王武帝的諱。《三國志》作者陳壽，因避晉宣帝司馬懿諱，把《後漢書．靈帝紀》中的并州刺史張懿，在《三國志．蜀書．劉二牧傳》中改作「張壹」。

東晉人為避晉文帝司馬昭諱，硬要把生活在二百多年前的王昭君改名「王明君」，把漢人所作《昭君》曲，改為《明君》曲。

與此類似，清初神韵說詩派創始人漁洋山人，本名王士禛，雖死於康熙五十年（西元一七一一年），但當世宗即皇帝位之後，因其名「禛」字犯皇帝諱（胤禛），仍被勒令改名「士正」。後來高宗弘曆打出尊重文人學者的旗幟，又於乾隆三十九年下令改名「士禎」，但還是不得稱本名。

神話傳說中的「嫦娥」，在《淮南子．覽冥訓》中作「姮娥」，高誘注仍稱「姮娥」。劉知幾在《史通．采撰》篇中亦作「姮娥」。但在宋孝宗趙昚淳熙版《文選．月賦》李善注中，「姮娥」改作「常娥」了。這是因為宋人避真宗趙恒諱，改「姮」為「常」。

反對王安石變法者之一的文彥博，其先人本姓「敬」，後晉時，因避高祖石敬瑭諱，其曾祖父改姓「文」，至後漢，復姓「敬」。當進入趙宋時代，因避趙匡胤的祖父趙敬諱，其祖父又不得不改姓「文」。

楊延昭是大家所熟悉的楊家將中的人物，他本名延朗，因避趙匡胤的始祖玄朗諱，改名延昭。

為避諱而改地名之例，如號稱六朝古都的建康（今南京），本名建業，《三國志．吳書．吳主傳》：「黃龍元年，……秋九月，權遷都建業。」晉元帝司馬睿都建業時，因避晉愍帝司馬鄴諱，改名「建康」。並且把曾是曹魏重要都邑的「鄴」，改名「臨漳」。今湖北省天門縣，原名景陵縣（五代後晉改稱此名），雍正四年七月，胤禎為避其父玄燁（清聖祖）的陵墓名（景陵），詔令改湖廣安陸府「景陵」縣為「天門」縣。把陵墓名提高到國諱程度，並因之而改地名。

這是因避諱而改地名的另一類型。或可說明清初諱禁何等嚴密！

白居易在《琵琶行》中有「江州司馬青衫溼」句，「司馬」原是由「治中」這一官號改來的。唐高宗李治為避其諱，於貞觀二十三年七月下令「改諸州治中為司馬」。「治中」是州刺史的副職。

同是《世本》一書，裴駰的《集解》稱之為《世本》，張守節的《正義》亦稱其為《世本》，唯獨司馬貞的《索隱》稱其為《系本》，他在敘述《史記》的體例時，改稱「三十世家」為「三十系家」。小司馬與張守節同處玄宗之世，但仍避太宗李世民諱。

《漢書．張騫傳》：「匈奴破月氏王，以其頭為飲器。」韋昭、晉灼對「飲器」都作了注釋。晉灼的注：「飲器，虎子屬也，或曰飲酒之器也。」顏師古在糾正韋、晉二人的注釋時，同時說明「獸子褻器，所以溲便者也」。（看來「虎子」相當今之尿壺。）但他為避高祖李淵祖父李虎的諱，改「虎子」為「獸子」。從而改變器物的名稱。

唐高祖李淵之父名「昞」，唐人為避其諱，在唐貞觀、顯慶年間先後修撰的八史（《晉書》、《梁書》、《陳書》、《北齊書》、《北周書》、《隋書》、《南書》、《北史》）中，凡用天干「丙」字紀年者皆作「景」。雖有「不諱嫌名」的古制可循（《禮記．曲禮》：「不諱嫌名。」「嫌名」，就是與所避之字的聲音相近或相同的字。如因「昞」而諱「丙」，就是「諱嫌名」），仍自行其是。（現行中華書局二十四史標點本皆已將「景」回改為「丙」。）

至於為避諱改字而改前代年號例，如《舊唐書．音樂志》載，唐人為避中宗李顯諱，把高宗李治「顯慶」年號改為「明慶」。在太宗諸子傳中，為避李隆基諱，改高宗的「永隆」年號為「永崇」。宋人為避仁宗趙禎諱，把唐太宗的貞觀年號改寫為「真觀」或「正觀」。

## ㈡空字法

即將應避諱之字空而不書，或作「某」，或作空圍「□」，或直書「諱」字。如《史記．孝文本紀》：「元年正月，『子某最長，純厚慈仁，請建以為太子。』」「某」即漢景帝劉啟。

許慎在《說文解字》中，對當代皇帝安帝劉祜以及上至光武帝劉秀凡五帝之名，皆採用空字法，避而不書，僅作「上諱」二字，更不釋其形、音、義。現見各字，應為後學者所增補。《宋書》中對劉家帝王之名多作「諱」字。「永初元年（宋武帝劉裕的年號）八月，西中郎將、荊州刺史宜都王諱進號鎮西將軍。」「諱」，即晉文帝劉義隆。（現行中華書局二十四史標點本《宋書》已把「諱」回改為「劉義隆」。）

鎮壓過隋末瓦崗軍的王世充，在唐人撰《隋書》時，為避李世民諱，改「王世充」為「王充」，空「世」字。《隋書》歷經抄寫翻刻，淺學之人誤將「王　充」連成「王充」。儒家經典著作之一《禮記》在《曲禮》篇中明文規定「二名不偏諱」。唐太宗李世民並在武德九年六月（「武德」是唐高祖李淵年號，李淵死於武德九年五月，六月已是李世民即帝位）又有詔令：「依《禮》，『二名不偏諱』。……其官號、人名、公私文籍，有『世民』兩字不連續者，並不須諱。」據此，王世充之「世」字可以不空缺。而唐高宗李治在貞觀二十三年六月令「改民部尚書為戶部尚書」，同樣是為了避「民」字諱。這二例或可說明，制度為制度，而禁者自禁，行者自行。

段玉裁在《說文解字·敘》中注曰：「《史記》、《漢書》、《法言》、《大園》敘，皆殿於末。」「《大園》」即揚雄的《太玄》。段遵照清廷避諱禁令，對聖祖玄燁諱，以「元」代「玄」，並加空圍「□」。同樣的原因，他對清高宗弘曆諱，以「宏」代「弘」，並加空圍「□」。如，他在《說文解字·十一篇上一》「淯」字注中：「宏農郡盧氏二志同。」上海古籍出版社一九八一年十月版《說文解字注》已回改「園」作「玄」，「宏」作「弘」。避諱之舉，不可復見。

## ㈢缺筆法

「缺筆」是對所避之字的最後一筆不寫。從《冊府元龜．帝王部．名諱門》載唐高宗李治顯慶五年頒布的不得隨意改字、缺筆以避上名的詔書看，為避諱而缺筆之法約起於唐初。自唐而後，「缺筆」與「改字」二法並行不廢。

諱制極盛的宋代，缺筆法亦甚為盛行。在宋刻古籍中，「缺筆」不少於「改字」。如宋高宗趙構紹興八年版《世說新語》，即用缺筆法避宋家帝王諱。這一刻本還反映了趙宋諱制之嚴。不僅遇「玄朗」、「弘殷」、「敬」、「匡胤」、「恒」、「桓」等字皆缺末筆，在該書《德行》篇中記載王大聞知王恭將僅有的一領六尺簟送給他時，表示「甚驚」，「驚」字的上半「敬」字也缺末筆。

殘宋本（又稱越州本。南宋紹興間刻版）《舊唐書．音樂志四》中凡遇「敬」、「徵」皆缺末筆。對唐太宗貞觀年號之「貞」字亦缺末筆。

以上介紹，概稱「國諱」。與此同時，尚有「家諱」之說，即官僚士大夫們對其所尊者避諱。略舉一、二例，試加說明。

司馬遷的祖父名「僖」，《史記．齊太公世家》：「慶父弒閔公，哀姜欲立慶父，魯人更立釐公。」《集解》：「徐廣曰：『《史記》僖字皆作釐。』」所以《史記．魯世家》中「僖公」作「釐公」，《魏世家》中有「十九年，昭王卒，子安釐王立」。《索隱》：「《系本》，安僖王名圉。」《報任安書》中有「同子參乘，爰絲變色」句，《漢書．司馬遷傳》對此句有注，「蘇林曰：『趙談也。與遷父同諱，故曰同子』。《索隱》對《史記．趙世家》中的「張孟同」釋稱：「《戰國策》作張孟談。『談』者，史遷之父名，遷例改為『同』。」（「張孟同」，見《戰國策．趙策一》）又，《史記．平原君列傳》：《秦急圍邯鄲，邯鄲急，且降，平原君甚患之。邯鄲傳舍吏李同說平原君。」《正義》對「李同」注稱：「名談，太史公諱改也。」但有時也並不避「談」。如：「子嬰即位，患之，乃稱疾不聽事，與宦者韓談及其子謀殺高」（《李斯列傳》）。「因斯以談，君莫盛於唐堯，臣莫賢於后稷。」（《史記．司馬相如列傳》）

《後漢書》作者范曄，因其父名「泰」，把《後漢書．靈帝紀》中的「郭泰」改為「郭太」。《後漢書》卷六十八，「郭太，字林宗」。注曰：「范曄父名泰，故改為此『太』。」《後漢書》卷七十，「鄭太，字公業」，「太」亦應作「泰」。

東晉桓玄初任太子洗馬時，王大前來祝賀，玄設宴款待。王嫌酒冷不能飲，乃頻呼使者取溫酒來，玄因此哭泣。王很掃興，告辭，玄陪禮曰：「犯我家諱，何預卿事！」因桓玄父名「溫」。「家諱」尚有避嫌名者，《資治通鑑》作者司馬光，因其父名「池」，乃改韓維的字「持國」為「秉國」。

避諱問題，曾對古籍造成相當的混亂，但如果能加以利用，反過來，又有助於校勘及考古諸方面之研究。

# 古人座次的尊卑和堂室制度

## ——從鴻門宴的座次談起

／王文錦

我們在京劇裏常常看到這樣的場面：皇帝或者國君面南背北地端坐在龍案後，大臣們按尊卑次序出場，面朝北一字排開，遙向君主施禮，之後才文東武西兩旁侍立。大臣們北面朝君，一定是以東為上，就是說按官位高低從東往西站定，這樣一來，當然總是官位較高的在右，較低的在左，在右也就是在上了，所以《史記．廉頗藺相如列傳》上說，藺相如當了上卿，「位在廉頗之右」。為此，廉頗很不服氣。

這種形式，人們都比較熟悉，所以看到古書裏寫的「北面稱臣」一類的文字，也容易理解。可是看到《史記．項羽本紀》寫的鴻門宴的座次：「項王、項伯東向坐，亞父南向坐，沛公（劉邦）北向坐，張良西向侍。」就不太好懂了。怎麼回事呢？范增面南背北地坐著，難道他的座位最尊嗎？劉邦朝北而坐，好像還不如張良呢。總之，這跟人們從戲裏和從故宮金鑾殿上得來的印象，對不上號。

清初著名學者顧炎武在他的名著《日知錄》裏通過不少史料，歸納出這麼一個結論：「古人之坐，以東向為尊。」根據顧炎武的說法，我們大致明白了鴻門宴座次的意思。項王東向而坐，以尊者自居，讓劉邦北向坐，不把他看成與自己地位匹敵的賓客。司馬遷之所以不惜筆墨，一一寫出每個人的座次，就是通過項羽對座次的安排，突出表現項羽藐視劉邦，以長自居的驕傲心理。

不過，只理解到這個程度，問題還是沒有完全解決：戲台上和故宮金鑾殿上表示的是面南背北為尊，怎麼又說「古人之坐以東向為尊」呢？到底是南面為尊，還是東面為尊呢？

我覺得要想把座次尊卑搞清楚，完全解決上面提出的問題，首先應該對古代的堂室制度有個粗略的瞭解。

我們閱讀《儀禮》，可以知道：古代貴族（天子、諸侯、公卿、大夫、士）不論住的寢也好，還是祭祀用的廟也好，一般都是堂室結構，也就是說，這種建築有堂有室。堂和室同建在一個堂基上，堂基根據主人地位的尊卑，有高低的不同，從而台階多少也有差異。堂和室上面同為一個房頂所覆蓋。堂在前，室在後，堂大於室。堂室之間，隔著一堵牆，牆外屬堂上，牆裏屬室內。這堵牆，靠西邊有窗（牖），靠東邊有戶（室門），所謂升堂入室，就是從這戶進去。堂東、北、西三面的牆，東牆叫東序，西牆叫西序，南邊臨廷（院落）大開，形式彷彿今天的戲台。堂的中間，一般有兩個大明柱（楹）。荊軻行刺秦王，秦王繞柱逃避，就是這種堂間大柱。堂上不住人，是貴族們議事、行禮、交際的所在。室，長方形，東西長而南北窄，面積也不小。寢室住人，廟室祭祖。一般平民百姓不但沒有廟，連住室也不是堂室結構，因而他們接待賓客在寢室，祭祀也在寢室，所謂庶人祭於寢，就指的這種情況說的。

在堂室中舉行禮節活動，大致有兩種範圍。一種是在室內，一種是在堂上。先談第一種。在室內禮節性的座次，最尊的座位是：在西牆前鋪席，坐在席上面向東，即所謂東向坐。其次是在北牆前鋪張席，面向南而坐。再其次是南牆前席上面向北而坐。最卑的位置是東邊面朝西的席位。清代學者凌廷堪在他的禮學名著《禮經釋例》就更為確切地提出「室中以東向為尊」的說法。由此可以看出，鴻門宴座次的形式，就屬於這種室內禮節活動的形式。項羽、項伯朝東而坐，最尊（項伯是項羽的叔父，項羽不能讓叔父坐在低於自己的位置上）；范增朝南而坐，僅次於項氏叔侄的位置；劉邦朝北而坐，又卑於范增；張良面朝西的位置，是在場人中最卑的了。

這種「室中以東向為尊」的方式，在貴族的祭祀活動中，表現尤為明顯。

拿天子的廟堂來說，我們根據東漢學者鄭玄的《禘祫志》上記載簡述如下：天子祭祖活動是在太祖廟的太室中舉行的。神主的位次是太祖，東向，最尊；第二代神主位於太祖東北即左前方，南向；第三代神主位於太祖東南，即右前方，北向，與第二代神主相對；第四代神主位於第二代之東，南向；第五代神主位於第三代之東，北向，與第四代神主相對；第六代神主在第四代神主之東，南向；第七代神主在第五代之東，北向，與第六代神主相對。主人在東邊面向西跪拜。（諸侯五廟，祭祖時神主的排法同上）。太祖居中，太祖左邊這列叫昭，右邊這列叫穆，這就是所謂昭穆之制。

顯然，知道了這種昭穆制度，有助於我們理解鴻門宴上座次的尊卑。

此外，我們從《儀禮》中的《少牢饋食禮》和《特牲饋食禮》這兩篇記載裏，還可以看到一種有趣的現象。這兩篇禮文分別記錄了古代大夫和士在家廟中祭祀祖禰的具體禮節。祭祀也在室中舉行。大夫和士不能像天子諸侯那樣供奉神主，等級森嚴，不許他們有神主，他們行祭的對象是「尸」。這個尸不是屍體的意思，而含有「主」的意思。什麼是尸主呢？孝子祭祀時，不見亡親的形象，哀慕的心情無所寄託，於是就以兄弟一人為尸主，也就是用他來代表死者的形象，作為行祭施敬的目標。後世用畫像代替了「尸」。這兩篇禮文裏，尸的位置都是在室內西牆前，東向。由此可見，「室內以東向為尊」，無論是對活人，對死者（神主），還是對暫充死者的活人（尸），都是同樣有效的。

以東向為尊，在史書中有充分的反映。比如：《史記．淮陰侯列傳》上說，井陘口之戰，韓信俘獲廣武君李左車，請他東向坐，韓信對面施禮求教。《史記．周勃世家》上說，周勃不好文學，每召諸生說士，自居東向的座位，很不客氣的跟儒生們談話。《史記．武安侯列傳》上說，田蚡「嘗召客飲，坐其兄蓋侯南向，自坐東向」，田蚡認為自己是丞相，不可因為哥哥在場而中私敬，免得屈辱了丞相之尊。《漢書．王陵傳》上說，項羽取王陵母置軍中，王陵的使者來，項羽讓王陵的母親東向而坐，打算用對王母的這種禮遇來招降王陵。

這樣的例子很多。我們認為，即使有的東向坐的場所，不是在堂室結構的室中，而在別的什麼房子裏，或者軍帳中，只要不是在堂上，其實這一般都是屬於「室中以東向為尊」的類型。看來，這種形式不但來源很古，而且普及於社會各個階層。

可以設想，上古的一般平民百姓，當然沒有經濟力量興建那種堂室結構的住宅，他們只能蓋面積較小的房屋。儘管如此，他們的婚喪、祭祀、交際等等方面也一定有一些比較簡單的傳統儀式。由於居住條件的制約，這種「以東向為尊」的形式，在民間更易於廣泛而持久的流傳。因而，即使像周勃那樣出身於以編織蠶薄為生的貧苦勞動者，一旦當上了大官，也自然而然地知道「東向為尊」，這想必是他自小習見，長期受風俗薰染的緣故。

就這種禮俗形式的廣泛性來講，可以肯定顧炎武歸結為「古人之坐以東向為尊」，的確是一項很有意思的概括，它幫助人們理解了一些歷史上的禮俗現象。不過，我們認為凌廷堪的「室中以東向為尊，堂上以南向為尊」的提法，是比較更為概括、更為全面的。

底下就略談一下堂上的禮節活動，來說明一下我們的看法。

關於堂上進行禮節活動的形式，在《儀禮》一書中有較為詳細的記載。我們從中可以明顯地看出，在堂上舉行的各種禮節，就其座次來說，就不是「以東向為尊」了。堂上東向坐的席位，當然是個受尊敬的位置，但是值得注意的是，南向位、西向位往往比東向位更尊。比如《鄉飲酒禮》中的堂上的席位，主人在東序前西向而坐，賓席在戶牖間，賓南向而坐，介（介者副也。賓是正賓，介是副賓。）席則在西序前，介東向坐。實際上主人和賓的座次都比介的座次為尊。再如《大射禮》中堂上的席位，西向坐的公，南向坐的賓，以至東南方北向坐的諸公，都比東向坐的大夫尊。公的座位是主位，其尊是不待言的了。堂上東向位是客位，可是這位置在客位當中也不是最尊的，最尊的是戶牖間的南向而設的賓席。所以淩廷堪的「堂上南向為尊」的說法，還是比較準確的。還有，在《少牢饋食禮》中說，作為主人的大夫，在廟堂的室內行祭之後，接著就在堂上對剛當過「尸」的人行三獻之禮，尸的座席在戶牖之間的牆下，尸南向而坐。而侑則在西序前東向而坐。侑是什麼人呢？侑是主人從異姓來賓中選定的陪尸受禮的人。陪「尸」受禮，東向而坐，雖然也受禮敬，到底是個陪襯，他的座次，既不能說尊於尸的南向座，更不能說尊於主人的西向座。

由此可知，堂上的禮節活動的座次，就不能說「古人之坐以東向為尊」，似乎說「堂上以南向為尊」也還不是十分準確的。應該說「堂上賓位的座次以南向為尊」更周到些。只有一國之主或一家之主面南背北地坐在堂上，才能說他的座位比在場的其他位置都尊，這就是我們開頭所說的那種戲台上常見的情景了。

# 「跪拜禮」的起源和消亡

／姚榮濤

原始社會中，人們常常有意無意地用一些象徵性動作，來表示他們的意向、感情。這些動作，有的後來成為社會生活的習慣，並常常被用作維護社會秩序、鞏固社會組織和加強部落之間聯繫的手段。進入階級社會以後，統治階級利用其中某些習慣，加以改變和發展，逐漸形成各種正規的「禮」。

「跪拜禮」是中國封建社會中使用年代最長、最頻繁的一種基本禮節。

人類剛剛能直立行走時，他們的行走姿勢、大約跟現在動物園中猩猩單用後肢行走時的姿勢差不多，彎腰曲背、身體前傾、步履蹣跚，前肢下垂、離地面很近。以這種姿勢行走的人們，當他們站定表示友好或敬意時，前肢著地，後肢彎曲就是很自然的了。人類的先祖在靜止時比行走時更不易保持直立，這一點，在近代力學中是找得到原理的。已經能直立行走的人類，做出的後肢彎曲，前肢著地的姿勢，就是跪拜禮的雛形。

進入階級社會初期，人們尚不知桌椅為何物，帝王平民皆席地而坐，所謂「兩膝著地，以尻著踵而安者為坐」。這種坐姿，對於行跪拜禮，是很方便的。所謂「伸腰及股而勢危者為跪，因跪而益至其恭，以頭著地為拜」。以跪拜作為一種禮節，自然而然地得以延續和鞏固。這種情景，我們在現在的日本「榻榻米」上還能看到。日本民族在榻榻米上「兩膝著地，以尻著踵而稍安」為坐。當坐在榻榻米上的日本人要表示敬意而欠動身體時，他們「伸腰及股而勢危」，「以頭著地」，很自然地構成了一個跪拜動作。

慢慢的各種禮儀禮節也日益繁雜化、規範化、經典化。僅跪拜禮一節，就被分為「稽首」、「頓首」、「空首」、「振動」、「吉拜」、「凶拜」、「奇拜」、「褒拜」、「膜拜」等格式，各種不同等級、不同身分的社會成員，以及在各種不同的場合，所規定使用的跪拜禮都是不同的。例如，「稽首」，是最隆重的跪拜禮，屬於「臣拜君之禮」；地位相等的人們之間通用「頓首」；而「吉拜」則屬於「常祭之禮」等等。

跪拜禮的姿勢，對受禮者的人身安全，也是頗具防範作用的。行跪拜禮時，人們俯首低視，多雙手下垂及地。至於「膜拜」，則是「舉兩手，伏地而拜」，比之現代的舉手投降姿勢，是有過之而無不及的。赤手空拳的行禮者，如果還想稍有「不軌」之圖，也因「兩膝著地」而處於劣勢，受禮者及其隨從居高臨下，可以及時採取相應的安全措施。

當人們發明使用桌椅之後，跪拜禮已顯得十分不便，似乎需要對它進行改革了。例如，清道光二十三年（西元一八四三年），清政府內外交困，財政危機，為了節約經費充實糧餉，明令廢止了沿用三千年之久的「鄉飲酒禮」。跪拜禮雖然有種種不便，但由於它有助於封建等級制的維護和鞏固，有助於封建統治，對封建統治者有利無弊，所以，直到辛亥革命前的幾千年間，它一直被歷代統治者所採用而無多大改變。只是到了乾隆年間，中國式跪拜禮受到了一次挑戰，英國外交使節到北京謁見中國皇帝，他不願意向清皇行中國式跪拜禮，經過一番交涉，乾隆皇帝同意接受英國使者的西洋式單腿跪拜禮。

「跪拜」，從原始社會中人們互相致意的姿勢，到階級社會演變成了一種表示臣服的禮節，「拜，服也；稽首，服之甚也」。行跪拜禮的，總是臣服者、卑賤者。跪拜禮被摻入了一種人格侮辱的成份，並日見其明顯。以至「卑躬屈膝」一詞成了損人尊嚴的貶義詞。人民對這種禮節，從習慣到厭惡，從厭惡到反對，乃至提出改革的主張，也就是必然的了。

清末，四川民間傳說太平天國翼王石達開從來不許人向他行跪拜禮，也教育百姓不要向任何人跪拜。石達開是否有過這種主張，我們現在不得而知，但這個民間傳說本身，體現了中國人民反對跪拜禮的意願。而我們知道，石達開被清軍俘虜後，的確沒有向敵人行跪拜禮，最多只是對四川都督駱秉章「長揖不拜」。可見，上述民間傳說並非事出無因。辛亥革命前，無政府主義者提出過改革跪拜禮的主張，他們認為跪拜禮「卑躬俯首，生氣毫無」，而「點首鞠躬最便宜，亦足示敬，且出於自然」。應該指出，無政府主義者的這一主張，是合乎歷史發展趨勢的，因而也是有進步意義的。

辛亥革命打倒了皇帝，西方資產階級平等思想在中國大為傳播。有辱人格，維護封建制度的跪拜禮之取消，已勢在必行。西元一九一二年南京臨時政府剛一成立，孫中山先生馬上就宣布取消跪拜禮。南京臨時政府遷往北京後，雖然是袁世凱竊居著總統職位，鑑於形勢，他也不得不宣布：所有禮節，男子禮節為脫帽鞠躬，大禮三鞠躬，常禮一鞠躬，尋常相對，只用脫帽禮。女子大禮大致相同，惟不脫帽，專行鞠躬禮。

正式廢除跪拜禮節，這是辛亥革命的一大功績。不過，它現在主要使用於對偶像、亡靈的禮拜，而不是用於活人了。至於近現代作為一種懲罰的跪拜，則不能看作是一種禮節。但是，我們從中可以看到人們心目中對跪拜的厭惡。

作為一種社交禮節，跪拜已完成了它的歷史使命。只是作為一塊青記，它還殘留在現代社會的臀部。它的最終消失，有待於人們物質生活和文化生活的進一步豐富提高。

# 「趨」和禮

／建　珉

在現代漢語中，「趨」是個常見字，趨向、趨勢、趨之若鶩、亦步亦趨等詞彙隨處可見。這些趨字，都含有奔赴、歸附的意思。然而，它的原始含義卻是快步行走。先秦典籍已多見趨字，最早當推《詩經》，《齊風·猗嗟》中便有「巧趨蹌兮」的詩句，這個「趨」，即訓「快走」。由快走又演化出「趨」字的多種含義，「趨」作為我國古代的一種禮儀和禮節，就是其中的一種。

我國奴隸社會和封建社會的「禮」，是人們行為的規範，是用來明尊卑、別貴賤、序長幼、分賓主的。在一些特定場合，卑者、賤者、晚輩、主人要遵照法律的規定或傳統習慣，用「趨」，即快步走的方式向尊者、貴者、長輩、賓客表示恭敬。

作為一種禮儀，「趨」在吉、凶、嘉、賓、軍等「五禮」中，是屢見不鮮的。據《論語·鄉黨篇》記載：有一次，孔子應魯君之召去接待外邦的貴賓，他神色莊重，不但拱手彎腰，而且「趨進，翼如也」，意思是快步前行，姿態漂亮得像舒展翅膀的鳥兒。這是寫賓禮中的「趨」。

另一次，孔子去朝見魯君，他上殿跪拜如儀後，「沒階」，即走下整個台階，又「趨進，翼如也」，再退歸班位。進一步說明了「趨」的時間和地點。作為軍禮的「趨」，便帶有武士風度。據《左傳》載，晉、楚鄢陵之戰時，晉國將領郤至遇見楚君，他立刻跳下戰車，「免胄而趨風」，即摘下頭盔，快步如風地走向楚君致敬。而戰國時的觸龍去見「盛怒而胥之」的趙太后時，他的「趨」，卻既不儒雅，也不英武，而是「徐趨」，活畫出一副步履維艱、老態龍鍾的模樣。其實他是裝病入宮的，以此緩和氣氛，再以自己的病為話題，從而引出他勸諫太后同意以愛子長安君為質，換取齊國出兵，解秦兵之圍的那段議論來。

如果說上述的記載都是一人獨「趨」，那麼《史記·叔孫通列傳》則描寫了百官的群「趨」情景。劉邦平定天下之後，在殿上大宴功臣，他的將領們乘醉喧鬧，甚至拔劍砍柱，弄得劉邦毫無辦法。於是，那位深知時變的老儒叔孫通便出來制定「朝儀」了。他那「採古禮與秦儀雜而就之」的朝儀，使「諸侯王以下莫不振恐肅敬」，「竟朝置酒，無敢讙嘩失禮者」。把個無賴出身的漢高祖喜的心花怒放，不禁說：「我今天才知道當皇帝的尊貴呵！」在這個莊嚴隆重的朝儀中也有「趨」。那是在皇帝出後宮登寶座之前，贊禮者高喊一聲「趨」，郎中們便執兵夾陛而立，大臣們便在殿門內循序而進，按文東武西排列好，恭候皇帝到來。在這裏，「趨」不僅是動作，而且是口令；時間不在朝拜後，而在朝拜前；地點不在台階下，而是始自殿門列隊，終於排班就位。可見，「趨」也因時而異，與前代禮數有了某些不同。

此後，各種封建禮儀越來越繁瑣，但在正史的《禮志》或《禮樂志》裏，卻不大見得到「趨」字了。難道沒有這種禮儀了嗎？看來不是。正史所記的元會儀即元會禮，是用以朝賀元旦的，其儀注即與前述之朝儀相似，百官站隊排班時，仍免不了要快步走。恐怕隨著皇權的加強，還要加上低頭彎腰，用小步快走呢。有的字書釋「趨」為「小步而行，表示恭敬」，是有道理的。如果這樣做判斷尚有猜測之嫌，那我們再舉出一些反證。據《史記．蕭相國世家》，蕭何曾受到「入朝不趨」的特殊優禮。此後，漢末的曹操、曹魏末的司馬師、東晉末的劉裕、北周末的楊堅、唐末的朱溫等人，也都享有這種特權，不過已失去禮敬功臣的初衷，而變成權臣奪位的前奏了。從中不難證明：既然只有個別大臣才能「入朝不趨」，那麼其他臣僚當然是「入朝必趨」了。自宋而後，君權愈尊，臣位愈卑，「入朝不趨」的特例更屬罕見。但到清朝仍然保持「趨」這種禮儀，卻是事實。當時，臣下朝見君王，都要放下馬蹄袖，急行數步，跪下參拜。下屬見上司也與此略同。這種情景，我們有時從銀幕上或舞台上都還可以見到。

「趨」也是古人日常生活中常用的一種傳統禮節，人們出於習慣，自覺遵行。《論語．子罕》載：孔子會見穿喪服、穿載禮帽禮服和瞎了眼睛的人，即使年齡比自己小，也要從座位上站起來；走過這些人時，則要快走幾步，表示敬意。晚輩從長輩面前走過，當然更不能昂首闊步，只能快步走。《論語．季氏》記載了孔鯉兩次「趨而過庭」的故事。孔鯉之所以「趨而過庭」，是因為他父親孔子正獨立庭中。而且父子倆有一番對話，父親要兒子「學詩」、「學禮」。此後，「趨庭」專指承受父親的教導；而「鯉對」則專指兒子回答父親的詢問。王勃在《滕王閣序》中，便用「他日趨庭，叨陪鯉對」的文句，表明他不日將去省父，他也要像孔鯉那樣接受父親的教導。

到今天，作為法定禮儀的「趨」，早已經廢除了，但作為日常交往禮節的「趨」，卻還能從實際生活中找到一點痕跡。如老友多年不見，見時必定快步走向對方，握手問候，這可算是「趨」的遺風吧。

# 頓首·稽首·空首

／林洪文

頓首，一般都知道是「叩頭」的古稱。談起頓首，不免聯想到曾有人對古代駢文名篇，南朝梁代丘遲的《與陳伯之書》的一番評議。說是這篇書信確稱得起「文情並茂」，不過文章開頭道「遲頓首陳將軍足下」，結尾又來個「丘遲頓首」，作為堂堂的梁宗室臨川王蕭宏的諮議參軍兼領記室（相當於祕書之職）的丘遲，寫信給一個投降敵人的叛將，一再口稱叩頭，未免過於卑躬屈節，也與信中斥責對方忘恩負義並曉以大義的嚴正內容不相稱。慨嘆這是文章美中不足之處。

其實丘遲這樣措辭相當得體，認為頓首就是「叩頭」，是只知其一、不知其二。要弄清這一點，還得搞明白「頓首」一詞的來歷。我國素有重禮節的悠久傳統，古人較隆重的禮節就是「叩頭」，而「叩頭」又分幾等幾樣，是按不同的場合、施禮、受禮者的不同身分來區分的。專門記載禮儀的《周禮》其中的《春官．大祝》篇就提到有九種拜禮，說是「辨九𢷎（拜），一曰稽首、二曰頓首、三曰空首……」現把三者的區別敘述如下：

**先講頓首**，就是拜跪在地上，引頭至地，只作短暫的接觸，就立即舉起。由於頭觸地面的時間很短暫（也即「頓」的意思），在古代拜禮中是較輕的，屬於地位相等或平輩間相交的一般禮節，丘遲信中這樣用，表示普通的禮貌，是恰當的，保持了不卑不亢的態度。

**稽首**就不同了，施禮者跪拜於地，要停留（也就是「稽」的意思）一段較長的時間，所以才稱「稽首」。賈公彥注疏《周禮》說：「稽首，拜中最重，臣拜君之禮。」《尚書．舜典傳》也說：「稽首，首至地，臣事君之禮。」可見是臣子對君王表示畢恭畢敬的隆重大禮。如《殽之戰》（《左傳．僖公三十三年》）「孟明稽首曰：『君之惠，不以累臣（被俘囚禁的臣子）釁鼓（以血塗戰鼓來誓師），使歸就戮於秦，寡君之以為戮，死且不朽（永遠不忘恩德的意思）！』」這裏是企圖偷襲別國失敗為晉國所俘的秦將向晉國國君謝罪，故用稽首之禮。

附帶講一下**空首**，所謂「空」就是頭並沒有真正叩到地面上。行禮的方法是拜跪在地上後，先以兩手拱至地，然後引頭至手，這是國君回答臣下的拜禮。

# 周代「五刑」探微

／景戎華

周代「五刑」就是「墨、劓、剕、宮、大辟」（《尚書．呂刑》）。《史記．五帝本紀》張守節正義解釋說：「墨，點鑿其額，涅以墨。劓，截鼻也。剕，刖足也。宮，淫刑也，男子割勢，婦人幽閉也。大辟，死刑也。」

五刑從最初形成到西周而臻完善是有一個較長時期的發展過程的。

刑法之始生，最早可上溯到堯。《尚書．堯典》云：「象以典刑。」荀子有言，「古無肉刑而有象刑」（《荀子．正論》），適足為有力印證。荀子博學，《史記．孟荀列傳》說他「三為祭酒」、「最為老師」，這樣一位人物，想來是不會空發議論的，這個論斷必有所本。

原始社會，沒有私有財產，沒有階級，沒有階級間的爭鬥，故無鎮壓，殺戮之需要，人們的行為越出規範，出了差錯，氏族的酋長代表氏族成員按約定俗成的規矩，象徵性地施之以懲罰。象刑之說看來是可信，這應該就是最早的刑法了。

慎子把這種象刑主觀化、具體化了。他儼然以目擊者的身分在說：「有虞氏之誅，以幪巾當墨常，以革纓當劓，以菲履當刖，以艾韠當宮，以布衣為領當大辟。」（《太平御覽》六五四引）有虞氏之時行象刑不無可能性，但以後人後世之模式，構築起原始之五刑，並與之對應無異，無論如何是無法令人相信的。

傳說舜承堯位，命擔任「法官」的皋陶制定刑法。《左傳．昭公十四年》：「《夏書》曰：『昏、墨、賊、殺』皋陶之刑也。」杜注：「三者皆死刑。」象刑退出歷史舞台，肉刑取而代之。《漢書．刑法志》顏師古的注裏卻給我們保留了一些那時刑法的影子。「舜受堯禪而流共工於幽州，放讙兜於崇山，竄三苗於三危，殛鯀於羽山」。這裏所說的流、放、竄、殛，當是伴隨我國氏族公社制度解體，私有制出現而產生的不成文的原始刑法。其中「殛」刑當是「大辟」之始。《尚書．呂刑》記禹征伐三苗，罪名之一是說三苗「弗用靈（不敬神靈），制作刑，惟作五虐之刑曰法，殺戮無辜，爰始淫為劓、刵、椓、黥」。《呂刑》成書較晚，是「春秋時呂國某王所造的刑書，而經過後來的儒者所潤色」（郭沫若《十批判書》第三頁），書中難免把春秋時事附會進去，未可全信，但這條記載似也透露出，禹時的三苗已經採用了「五虐之刑」，殺害無辜百姓，禹去征伐三苗，並制定劓（割鼻）、刵（去耳），椓（砍頭）、黥（刺面）刑去懲罰、制裁殘暴的三苗首領。此時，流、放之刑由於開始把戰俘變成奴隸，似已廢棄。

可見，當時舜在用刑，禹在用刑，三苗也在用刑。從中當可窺見，在氏族公社瓦解，階級出現的時候，在不同部落裏，刑法差不多同時產生了。

夏朝的建立，標誌著國家的出現，由於階級鬥爭的尖銳化，刑法、監獄、軍隊也在更完全的意義上產生了。史稱：「夏有亂政而作禹刑」（《左傳．召公六年》）就說明了這一點。禹刑，即是夏的刑法。以禹名之，看來夏朝的刑法基本上是沿襲禹的刑法。

夏的刑法相當嚴酷，這是與初期奴隸制的野蠻性相一致的。《尚書．甘誓》記夏啟和有扈在甘這個地方作戰之前宣布：「用命賞于祖，弗用命戮於社」，戮就是殺。不聽從命令英勇作戰，就要被處死，「用作祭社的犧牲」（郭沫若主編《中國史稿》第一四八頁）值得注意的是，奴隸社會的軍隊，大多由貴族任軍官，自由民充戰士，可見死刑並不限於奴隸，由此可知，奴隸如果違反統治者的意志，將會受到怎樣嚴酷的刑罰處置了。

《荀子》說：「刑名從商。」戰國的荀卿要求刑法定名以商為準，足見商刑已相當完備嚴整。《呂氏春秋》說商代「刑三百」，商朝刑法無疑比夏朝有了很大發展。

從文獻上看，商代刑名有：

炮烙、醢、脯：《史記．殷本紀》記載，紂重刑辟，有炮烙之刑（膏銅柱，下加之炭，令有罪者行焉，輒墮炭中），醢九侯（剁成肉醬），脯鄂侯（腌為肉乾）。

劓：《尚書．盤庚》：「乃有不吉之迪，顛越不共，暫遇奸宄，我乃劓殄滅之，無遺育，無俾易種於茲新邑。」清代學者王引之認為：「劓」不僅為截鼻之刑，又為割斷之通稱。

從甲骨文上看，商代刑名有：

1 （劓），像以刀割鼻之形，當即劓刑。

2 （伐），像以手執刀砍頭之形。

3 （戮），像砍伐人頭，並有人揪住奚奴頭髮，頭已砍掉，鮮血淋漓形。也是大辟之一種。

4 （刖），像以鋸伐腿之形，即刖刑。

5 ，像用刀割生殖器之形，即宮刑。

綜上所述，周代五刑之四刑（劓、刖、宮、大辟）商代已經有了。

奴隸制歷夏、商二代至周已臻鼎盛時期。《漢書．刑法志》云：「昔周之法，建三典以刑邦國，詰四方：一曰，刑新邦用輕典；二曰，刑平邦用中典；三曰，刑亂邦用重典。五刑，墨罪五百，劓罪五百，宮罪五百，刖罪五百，殺罪五百」。西周時法典不但有輕、中、重之不同，而且五刑多達二千五百條。這當是我國最早的成文法。非常可惜，這樣一部完整的成文法亡佚了，使我們無法確知它的詳細內容。

西周中期穆王時，曾進行一次法制改革。五刑中的刖刑改為「髕刑」（挖膝蓋骨）。其中「墨罰之屬千，劓罰之屬千，髕罰之屬五百，宮罰之屬三百，大辟之罰其屬二百」（《漢書．刑法志》）。五刑從二千五百條增衍為三千條，宮、刖、大辟的刑條大大減少，說明在奴隸來源日少，奴隸在生產中的作用日大的情況下，奴隸主為了自己的利益，不得不儘量減少對作為生產力一部分的奴隸的殺戮和傷殘。但奴隸、自由民的逃亡、反抗，又使奴隸主不得不加強鎮壓。為儘量使受刑者繼續供奴隸主剝削，因此，墨、劓的刑條便大大增加了。刖刑條文不增不減，但改砍腳為挖膝蓋骨，當亦有使受刑者能繼續從事某些手工勞動的含意。這標明殘暴的西周奴隸主專政開始遇到了危機。

春秋時代由於奴隸制發生動搖，新興地主階級登上歷史舞台，故而維護舊奴隸制的刑法在與新興地主階級交戰中，常常敗下陣來。這表現在刑罰可以用金錢贖買。《尚書．呂刑》開了一個價碼清單：

墨辟疑赦，其罰百鍰，①閱實其罪。

劓辟疑赦，其罰惟倍，閱實其罪。

剕辟疑赦，其罰倍差，閱實其罪。

宮辟疑赦，其罰六百鍰，閱實其罪。

大辟疑赦，其罰千鍰，閱實其罪。

能以錢贖罪的當然不會是奴隸和貧苦的自由民，但也不會是大貴族，因為「刑不上大夫」。金錢打入森嚴的刑法陣營，恐怕是意味著有一個新興力量已經出現，這主要當指地主階級和新出現的富商大賈。其實質是奴隸制度走向瓦解的反映。鄭子產做刑書，「晉趙鞅、荀寅帥師城汝濱，遂賦晉國一鼓鐵以鑄刑鼎，著范子為刑書」（《左傳．昭公二十九年》），「鄭駟歂殺鄧析而用竹刑」（《左傳．定公九年》），「魏文侯師李悝撰次諸國法，著《法經》」（《晉書．刑法志》），都是政權下移，刑法自諸侯、大夫出。這與西周刑法出自天子發生了根本變化。這裏我想順便插入一句，從刑法的變動來探討中國奴隸制與封建制的分期問題，無疑是一個相當重要的方向，但十分可惜，這方面的探討至今沒有引起歷史學界的重視。如果依著西周封建說，對於刑法方面的變革就很難解釋通了。事實上刑法總是為一定階級服務的，是統治階級意志的表現。既然階級變了，那麼其意志就不能不同時表現出來。這時，五刑完成了為奴隸主服務的歷史使命，又轉而為新興地主階級服務。

「至於戰國，韓任申子，秦用商鞅，連相坐之法，造參夷之誅；增加肉刑，大辟、有鑿顛、抽脅、鑊亨之刑」（《漢書．刑法志》）。地主階級把奴隸主階級的五刑因襲下來了，在鎮壓勞動人民上是有過之無不及的。

準上，周代「五刑」孕育於私有制產生的原始社會解體時期，夏代已具雛形，它隨著奴隸社會的發展而在商代具備了初步規模，至西周而大成，形成「五刑」。由於儒家對西周的禮、樂、制度一向奉為楷模，而儒家學說在中國封建社會中長期處於獨尊的特殊地位，因此，周代的五刑對封建社會的刑法影響很大，除了刖刑，整個封建社會其他四刑幾乎沒有廢止。它以極其罕見的殘酷性，使中國社會受害極深。這一點我們應該給以足夠的重視。

## 注釋

①鍰，古代重量單位，到底合今多少，各說不一，百鍰指一百鍰重量的銅。

# 古代宮刑述聞

／許仲毅

對宮刑，人們不會太陌生。漢代偉大史學家司馬遷就曾因跟漢武帝唱了一下反調，而以「誣上」的罪名，被武帝打進蠶室，慘遭宮刑。宮作為古代五刑之一，曾在我國歷史上長期存在。在這酷刑下，有多少人含恨抱羞、痛苦悲慘地離開人世。內中不乏像司馬遷那樣的剛正之士。瞭解一下古代宮刑的概貌，對看清奴隸社會和封建社會的黑暗野蠻當有所幫助。

宮，即「丈夫割其勢，女子閉於宮」（《周禮》秋官司刑注）。就是閹割男子生殖器、破壞婦女生殖機能的一種肉刑。從一些古代文獻記載和從宮刑的最初作用出發，可以對宮刑產生的時間作一大概斷定。《尚書》中有好幾處提到五刑和宮，例如《堯典》就有「五刑有服」語；《呂刑》中有「宮辟疑赦，其罰六百鍰，閱實其罪」語，「五刑」是指墨、劓、剕、宮、大辟五種酷刑。一般認為《堯典》所敘乃堯舜時事。故宮刑至少在夏禹以前就已出現。據說宮刑最初的作用是為了懲罰男女之間不正當的兩性關係，即「女子淫，執置宮中不得出；丈夫淫，割其勢也」（班固《白虎通》）。從這點出發，宮的出現一定是在一夫一妻婚姻制確立以後的事。另外，再從五刑排列來看，宮是肉刑中最重者，僅次於大辟（死刑），顯然當時人們思想中還殘留著遠古時代對生殖器崇拜的影響，生殖器的價值僅次於頭顱。傳說中的堯舜時代，正是中國父系氏族社會向階級社會過渡時期，一夫一妻婚姻制已被確立，因而宮刑在那時出現完全是可能的。據史籍記載，堯舜似乎並不是宮刑的發明者，這種刑罰的發明權當屬中國境內另一個古老民族苗族的部落貴族們。他們在自己部落裏施行著一種叫「椓」的刑罰，這同宮並無兩樣。苗族在堯舜大禹時代曾同一些強大部族進行過多次戰爭，也許就在戰爭中，苗族的椓刑被這些部族所利用，並定為正式刑制。自此，一直到隋代明確廢除該制，宮刑一直在中國古代刑制中占有重要位置。

宮的最初作用，僅限於懲戒不正當的男女關係。這在人類從婚姻制度上跨入文明門檻的當時是現實的。但隨著封建專制的國家機器逐步完備，宮刑的施刑範圍也相應擴大，擴大發展到同其初衷完全不相干的地步。這個變化始於何時？史無明確記載，不過考據史實，也能尋到其蛛絲馬跡，至遲到西周穆王時，當局已經規定「宮罪五百」（《周禮》秋官司刑），西周當受宮刑的罪名已相當繁多，而且此種戕人肢體、絕人後嗣的刑罰之懲處對象是廣大奴隸和一般平民。至於奴隸主貴族是「公族無宮刑，不剪其類也」（《禮記．文王世子》）。剪者，絕也。「不剪其類」意即不絕奴隸主貴族的後代。他們即使犯了當宮之罪，亦僅服髡刑（將犯人剃光頭髮鎖住頸項服勞役），「而髡者，必王之同族不宮者」（《周禮》秋官掌戳鄭玄注）。顯然，西周的宮刑範圍擴大且常有鮮明的階級性。到了戰國，《列子．說符篇》載秦王曾以有人勸他用仁義治國而處該人宮刑，罪名是「若用仁義治吾國，是滅亡之道」。戰國時秦的統治者已用危害國家的罪名處人以宮刑。此種現象，至兩漢更為普遍。如漢武帝時張安世兄張賀因事被判死刑，張安世上書，才改作宮刑（《漢書卷五九》）。武帝之前的景帝，就曾規定某些死刑可由宮刑代替（《漢書．景帝紀》）。東漢明帝也曾下詔：「大逆無道殊死者，一切募下蠶室」（《後漢書．孝明帝紀》）。南北朝，也基本沿續了這種方法。特別是北魏對宮刑的施行更有明確規定。據《通志．卷十六》載，北魏凡犯「大逆不道要斬，誅其同籍，年十四以下腐刑」。故北魏宮刑一般多用於謀反大逆之子孫。如《魏書卷九十四》載平季被處宮刑，就是因為他的父親竟然與和尚一齊企圖謀反而被牽連致刑的。這種使犯者斷子絕孫的方法，看來似乎比滿門抄斬為輕，但骨子裏也夠毒了。受宮刑人的罪，略次於死刑，即便對他們赦免也僅被作為奴隸送給官府。例如北齊後主曾發恩一次，把原來當受宮的人，普免作為官奴（事見《北齊書．後主紀》）。很清楚，隨著封建專制制度的加強，宮刑的範圍在逐漸擴大，秦漢以後，完全成為統治者對付反抗者的一種殘酷手段。

如果從堯舜時代算起，一直到隋文帝時被廢除止，宮刑在中國名正言順地沿續了約三千年。在這三千年中，有多少人遭受該刑，人們無從知道了。但從一些文獻史料諸如《史記》、《漢書》、《後漢書》、《秦會要》、《二漢會要》、《七國考》及近人程樹德的《九朝律考》等記載和研究中，我們仍可推知歷代受宮人數不會很少。《史記．秦始皇本紀》記載秦始皇造阿房築驪山時竟發隱宮刑徒七十餘萬人服勞役，這裏的「隱宮」指受宮刑的人，這七十萬人中，受宮刑的當亦不少。漢武帝生性殘酷，在他一朝，正史上有記載的大臣受宮刑的就有司馬遷、李延年、張賀諸人。其他不見史傳的不幸者還不知有多少。東漢一代共有十二個皇帝，其中三分之一的皇帝七次下過專門關於宮刑的詔書，可見東漢受宮刑的決非個別人。歷代遭受這種酷刑蹂躪的人肯定就更多了。其中，固然有些人是犯了法的，但更多的是些無辜者。他們或因堅持真理得罪皇帝而遭腐刑；或因父輩之故而下蠶室，成為封建淫刑的犧牲品。

宮刑對受刑者身體及精神的摧殘都是十分嚴重的，連司馬遷這樣能忍辱負重的人物每當想起自己受宮這一恥辱，都仍然要發汗沾背，想「引決自裁」。宮刑之野蠻殘酷就可想而知了。對其施刑的具體情況，歷代史書並無多少記載。不過從一些零星記載中後人也略能窺見其一二。宮，又稱蠶室、腐刑、陰刑和椓刑。這些不同名稱從側面反映了宮的慘酷。所謂蠶室，據唐人顏師古的解釋，是因為：「凡養蠶者欲其溫早成，故為蠶室，畜火以置之。而新腐刑亦有中風之患，須入密室，乃得以全，因呼為蠶室耳。」（《漢書．張湯傳》注）一般人在受宮之後，因創口極易感染中風，若要苟全一命，須待在似蠶室一般的密室中，在不見風光的情形下蹲上百日，創口才能癒合。對受害者說來，不但肉體痛苦，而且心靈受辱，從此似一株腐朽之木，有桿但不能結實（見《漢書．景帝紀》蘇林等人注）。宮刑又稱陰刑，顧名思義是指宮刑專事破壞男性生育器官及女子被幽閉的那種冷落陰暗的狀況。把宮刑稱作椓刑的，見於《尚書．呂刑》篇。「椓」據《說文》釋是以棍擊伐之意。為什麼稱宮為椓，筆者尚不清楚。但據程樹德先生引馬國翰《同耕帖》載，古有椓竅之法，謂用木棍敲擊女性上身，以破壞其生育機能。所以，宮之稱椓同這點恐不無聯繫。通常認為對女性的宮刑，就是將其關押即幽閉，對其身體似無直接傷害行為。如果上述椓竅之法不謬，則可以推知婦女受宮刑並非僅僅是幽閉。如果說肉體的傷痛是暫時的，那麼，精神上的羞辱感則是長期的。過去對宦官歷來都有「刑餘之人，不登大雅之堂」的看法，那些被認為犯了大罪的宮者又怎能不被社會歧視呢？

這種傷天害理的酷刑如此流行，不能不引起歷史上一些具有人道主義思想的正直人士的反對。著名的如東漢的陳忠、孔融，三國時魏國的王朗等。他們力主禁絕宮刑，並廢除一切殘酷的肉刑（《後漢書》陳忠傳、孔融傳，《三國志》王朗傳）。可是封建統治者怎肯放棄呢？和孔融、王朗同時代的鍾繇、陳群就秉承曹操意志，死抱住宮刑不放（《三國志》鍾繇傳、陳群傳）。隋朝開皇時雖然正式廢除宮刑，以後歷代刑制上也見不到宮刑了。但稍為心細的人就會發覺，宮直到明清時尚還存在。明太祖朱元璋在他的《大誥》中就規定了許多嚴刑峻法，其中就有閹割為奴。有明一代，宮刑十分流行。更有甚者洪武九年，南京皇宮營建勤身殿，只因官員把中等工匠誤奏為上等工匠，朱元璋大怒，竟然要把這二千多個工匠全部閹割。虧得有人竭力諫止，方使這些工匠免遭慘禍。明朝不僅朝廷用宮刑，某些高級將領也擅施淫威。據《萬曆野獲編》記載，明英宗時，靖遠伯王驥在征戰某地時，竟將民間幼童閹割為奴，英宗聞後竟然不問，其慘酷無道令人髮指。清朝有所謂「閨刑」，就是一些在刑制上沒有條目的酷刑，在這中間就難保沒有宮刑了。

# 說「凌遲」

／閻步克

凌遲，又稱臠割、剮、寸磔，這些令人不寒而慄的字眼，意味著封建時代一種最殘酷的刑罰，就是用刀把人肉一塊一塊從骨頭上割光。封建時代固然不乏各種慘無人道的酷刑，但我所以特別提到凌遲，是因為它還是作為正式刑罰列入法典刑律的。粗略翻閱了一下史料。隋唐時代，刑律中死刑只有絞斬二種。清代史學家錢大昕在《十駕齋養新錄》《潛研堂文集》中，認為凌遲成為死刑始於五代，他據陸游《渭南文集》，「五代多故，以常法為不足，於是法外特置凌遲一條。」今《辭源》《辭海》均沿襲這一說法。但這時凌遲尚非刑律中正式的「常法」。如五代後晉開運三年，竇儼奏有於例律的絞斬二刑外「不守通規，率肆性情……以短刀臠割人肌膚者」，乞求禁止。晉出帝答：「……有罪宜從正法……宜依所奏，准律令施行。」（《舊五代史．刑法志》）可見凌遲用之於罪犯，當時是被禁止的。

另外，凌遲作為一種非正式的殺人花樣，則早就有了。南北朝北齊文宣帝常以凌遲法「輕刀臠割」殺人（《隋書．刑法志》）。唐代安史之亂，顏杲卿抗擊安祿山兵敗被俘，與袁履謙等同遭剮刑（《資治通鑑》）。

把淩遲看成正刑，始見於《遼史．刑法志》：「死刑有絞、斬、淩遲之屬。」但契丹為少數民族政權，落後而殘酷，多不依律令。北宋初法典《宋刑統》中，未列淩遲為死刑之中，但其法實際在應用。真宗時楊守珍去陝西督捕「盜賊」，請用淩遲法「用戒凶惡」（《宋史．刑法志》）。熙寧之後應用漸多。至南宋，《慶元條法事例》則公然把淩遲和斬絞同列為死刑名目了。元、明、清時，淩遲則赫然載於法典刑律之中。《元史．刑法志》：「死刑，斬、淩遲處死」（無絞）。明清則與斬絞並列而三。明初朱元璋親編《大誥》三編，中明列淩遲。《大明律．刑律．盜賊》載：

謀反大逆：凡謀反，謂謀危社稷；大逆，謂謀毀宗廟、山陵及宮闕。但共謀者，不分首從，皆淩遲處死。

《大清律》中有關文字大同小異。但要注意：

一，這時習慣上認為死刑僅斬絞二種，而把淩遲看成特種極刑，在《大明律》《大清律》的《名例》部分都只記為「死刑．絞、斬」。

二，淩遲是專以對付那些謀反大逆、罪在十惡之人的。

所謂「（絞斬）二死之外有凌遲，以處大逆不道諸罪者」（《明史．刑法志》）。就是說，設此刑是專門用於那些對反動統治危害最大的人，主要是敢於挺身反抗的人民群眾，以及政治上的敵手。

死刑已有絞斬而又用凌遲，無非是為了使「罪犯」死得更痛苦不堪，以凶暴來震懾人心。《渭南文集》記凌遲，「肌肉已盡而氣息未絕，肝心聯絡而視聽猶存」。《宋史．刑法志》記其「先斷其肢體，乃抉其吭」。《國史舊聞》載明代二條史料頗細致。一是太監劉瑾被「凌遲三日」，「例該三千三百五十七刀，先十刀一歇一喝。頭一日該先剮三百五十七刀，如大指甲片，在胸膛左右起初開刀。」一是鄭鄤被凌遲，「黎明鸞割之旨乃下。行刑之役俱提一小筐，筐內均藏鐵鈎利刃。時出刃與鈎，穎以砂石磨利之。崟陽（即鄭鄤）坐於南牌樓之下，科頭跣足，對一童子囑咐家事，絮絮不已。鼎沸之中忽聞宣讀聖旨，應剮三千六百刀，劊子手百人群而和之，如雷震然，人皆股栗。炮聲響後，人擁擠之極，原無所見，下刀之始，不知若何。但見有丫之木，指大繩勒其中，一人高距其後，伸手垂下取肺肝兩事，置之丫巔。忽又將繩引下，聚而割之者如蝟。須臾小紅旗向東馳報，風雲電走，云以刀數報入大內。」

這兩例都夠使人毛骨竦然的。俗語有「千刀萬剮」。我舊以為其酷固然，但何至千刀呢？讀此方知不然。七尺高的漢子，割成指甲片大小一塊塊，真非數千刀不可。可見，雖時間在推移，文明在發展，可隨封建制度的沒落和君主專制的加強，反動階級卻更加殘酷了。他們設凌遲以鎮壓反抗、維護統治，是「順理成章」的事情。

凌遲之刑被廢除，則已是二十世紀初的事情了。當時在內外矛盾衝擊之下，清廷統治下的半封建秩序已無法維持，不得不順應潮流有所改革。光緒三十一年（西元一九〇五年），修訂法律大臣沈家本奏請刪除凌遲等重刑，於是清廷下令，將凌遲以及梟首戮屍等法「永遠刪除，俱改斬決」（《清史稿・刑法志》），自此，凌遲這個凶殘的吃人怪物，才從法典中消聲匿跡了。

# 午門和廷杖

／爾泗

午門——這一組既豪華又莊嚴的建築群，是紫禁城的正門。正門前為凹字形的廣場。午門上四座亭式樓閣金頂輝煌，簇擁著廡頂式正樓，而綴以勾連的廊廡，被稱作「五鳳樓」，確實有一種雍容華貴氣象。然而在廣場東西兩側的闕左門和闕右門以及城台下的左右兩個掖門，又構成宮門前的封閉性，顯示出一種莊嚴肅穆的氣氛。午門的建築結構及其風格，在整個故宮裏是獨具特色的。

由於午門是皇宮外朝的正門，更突出地表現出皇權至上的構思，日晷和嘉量表現皇家授時和授量——控制著宇宙的時間和空間。而午門上下，也被作為行使皇權的場所。遇有征戰凱旋，在這裏舉行「獻俘」典禮。還有一種重要的刑罰——廷杖，則在午門下舉行。

廷杖，是明朝獨特的刑罰，通俗的解釋就是皇帝叫人用棍杖打臣下人的屁股。封建社會的「刑不上大夫」並不見得被統治者奉行。在明代，凡是違逆皇帝的意圖，批了「逆鱗」的時候，皇帝立刻命令「錦衣衛」（御林軍）把這個臣下捉起來，押到午門痛打，很多是立斃仗下。

行刑地點是在午門前的御路東側。午門腳下有兩處小房，這是錦衣衛值勤的地方，此外東西兩廂房及禁門下也都站滿禁軍校尉。廷杖就是在這種森嚴環境中執行的。關於廷杖的具體情況，據載：

凡廷杖者以繩縛兩腕，囚服逮赴午門。每人一門，門扉隨合。至杖所，列校尉百人，衣襞衣，執木棍林立。司禮監宣駕帖訖，坐午門西墀下。錦衣衛使坐右其下。俳而趨者數十人。須臾，縛囚至，左右厲聲喝：「閣棍！」則一人執棍出，閣於囚股上。喝：「打！」則行杖之三，則喝令「著實打！」或伺上意不惻，曰：「用心打！」則囚無生理矣。五杖則易一人，喝如前。每喝則環列者群和之，喊聲動地，聞者股栗。凡杖以布承囚，四人舁之，仗畢則舉布擲諸地，凡絕者十恆八九。（《明史．刑法志》）

看來，杖打的時候是用布將囚犯兜起來行刑的，可怕的是打完還要把布兜舉起來往地下摔，無怪容易致人死命。

明初朱元璋建國時並無廷杖這種刑罰。朱元璋處罰臣下，據說只是鞭撻、罰跪，以示侮辱，但並不能據此說他寬厚，因為朱元璋晚年動不動就殺人，而且殺戮範圍株連極廣。朱棣（明成祖）在位時期殺人更為野蠻，有剝皮楦草、油鍋烹炸、凌遲等酷刑。廷杖是從明成化朝正式開始的，只不過是把野蠻的殺人形式變換了一下，把監獄裏的酷刑拿到午門前執行而已。

中國封建社會從一開始就有宦官、外戚、佞幸和權奸專權的事情，到封建社會後期的明代可以說是集宦官專權的大成。明代東廠和西廠這樣的特務機構一般都由司禮秉筆太監主持，操全國的生殺予奪大權，太監「口銜天授」，隨便說句話就是法律。他們不僅主持廷杖的執行，甚至可以「矯詔」，說打誰就打誰。明成化朝的都御史牟俸、侍郎馬文升和司禮監汪直不合，「汪直誣陷侍郎馬文升、都御史牟俸等。有詔切責給事中（言官）李俊等二十七人、御史王濬等二十九人互相容忍不言，各廷杖二十。」這是早期開始打御史（管彈劾、監察的官吏）的先例。正德朝，由於武宗這個皇帝荒淫無度，要到南方遊玩，一批官僚和御史上諫，於是正德皇帝朱厚照下旨廷杖舒芬、黃鞏等百四十六人，死者十一人。

廷杖在正德、嘉靖兩朝的次數較多。嘉靖號稱盛世，但朱厚熜這個皇帝非常反對臣下進諫，經常打那些給他提意見的人。他本來是外藩親王入繼皇位，卻非要把他的生父追封為皇帝，為此引起一場軒然大波，有一批官員認為違反了皇家禮法，「群臣爭大禮，聚哭左順門」。臣下的眼淚反而激起皇帝大怒，「杖五品以下豐熙等一百三十有四人，死者王思等十七人，於是里創吮血，填滿犴陛，此其最酷者矣」。嘉靖打得最多的是御史，給事中一類「言官」，有一次嘉靖派太監替他祭太廟，戶部給事中張選進諫，說應該讓武定侯郭勳代祭。嘉靖大怒，「命執選闕下，杖八十，帝出御文華殿聽之，每一人行杖畢，輒以報數。杖折者三，曳出已死。帝怒猶未息」。史家論述，認為明代走向衰亡，實應始於嘉靖。這種拒諫之風，確是明代腐敗政治重要表現之一。

明代二百多年的歷史中，只有一次廷杖是打得對的，那就是廷杖宦官劉瑾。劉瑾是明史上著名的逆閹權奸，此人貪贓受賄最多，而且假傳聖旨，殘害異己。野史記載他在勢敗抄家時，僅黃金一項即達一千二百萬兩。據說錦衣衛在捉拿他的時候，劉瑾反誣拿他的人是同黨，一位駙馬挺身而出，厲聲說：我是國戚，從來沒和你有過瓜葛，今天我奉旨拿你！拿下之後綁赴午門廷杖。當時劉瑾的情況是：

是日拏瑾方定，不知何官，傳言上御門，拏瑾上前，拏到午門上跪。又云：錦衣衛掌衛事指揮劉琿上班跪奏：請旨打多少？亦不聞言語。須臾即起云：「有旨打四十！」當值官校齊聲答應訖，有一官大聲云打四十！擺著棍，五棍一換打！」每一宣告，則各官校齊聲答應如前……。（《骨董瑣記》）

看來，這次打得痛快的一次廷杖，卻是沒有皇帝的命令，也沒有皇帝在場。上述記載分明是在做戲，只因劉瑾作惡太多、太大，致使眾怒難犯，一批臣下利用了廷杖痛打他一頓，算是「即以其人之道，還治其人之身」。

封建社會早已覆滅，午門尚存，而廷杖一詞已經成為歷史詞彙了。

# 鐵券

／葉晨暉

《水滸》七十一回本第九回「柴進門招天下客，林沖棒打洪教頭」中，寫店主人介紹柴進時說：「你不知！俺這村中有個大財主，姓柴，名進，此間稱為柴大官人，江湖上都喚做『小旋風』。他是大周柴世宗子孫。自陳橋讓位，太祖武德皇帝敕賜與他『誓書鐵券』在家，無人敢欺負他。……」又在五十二回「李逵打死殷天錫，柴進失陷高唐州」中，寫李逵打死殷天錫後，知府高廉抓了柴進去，柴進告道：「小人是柴世宗嫡派子孫，家間有先朝太祖誓書鐵券。」這個給柴進提供保護、帶來特權的「誓書鐵券」究竟是個什麼東西，何以有如此威力？

這個「誓書鐵券」在《水滸》五十二回另一處也稱為「丹書鐵券」，它是封建社會的最高統治者——皇帝，分封功臣作諸侯王、或賜予功臣以某種特權時所頒發的憑據。根據歷史記載可能起源於漢代，《漢書．高帝紀》記載劉邦戰勝項羽登上皇帝寶座後，「又與功臣剖符作誓，丹書鐵契，金匱石室，藏之宗廟」。當時分封功臣時有一定的典禮和儀式，在典禮上有誓詞，據《漢

*唐朝於乾寧四年（西元897年）賜給彭城王錢鏐的鐵券*

書．高惠高后文功臣表》其誓詞是：「使黃河如帶，泰山若厲，國以永存，爰及苗裔。」意思是即使奔騰的黃河變得像帶一樣的細流，高大的泰山變成一塊磨刀石，被封的國家也永遠存在，傳給子孫後代。這誓詞用丹砂寫在鐵製的契券上，契即是券，所以稱為「丹書鐵券」，又可以叫做「誓書鐵券」。既是契券，為了取信和謹防假冒，將鐵券從中剖開，朝廷和諸侯王各保存一半，朝廷的一半則存放在石砌的房子中用金屬製作的櫃子裏。

唐以後的鐵券則不是「丹書」而是嵌金，生活在元代末年的陶宗儀，他親眼見過唐王朝加封錢鏐時所賜的鐵券，並在《輟耕錄》一書中作了描述：「形宛如瓦，高尺餘，闊三尺許，券詞黃金商嵌。」所刻的文詞除所封的爵銜、官職、邑地及據以受封的功績外，特別刻有：「卿恕九死，子孫三死，或犯常刑，有司不得加責……」真正執行了刑不上「大夫」，對錢鏐本人可以免除九次死罪，對他的子孫後代可以免除三次死罪，觸犯了封建國家的其他法律條文，有關官吏根本不能過問。

明代的鐵券是完全按照唐代的樣式，凌揚藻的《蠡勺編》卷四十記，「台州民錢允一，有家藏吳越王鏐唐賜鐵券。洪武初，太祖欲封功臣，遣使取其式而損益之。其制如瓦，第為七等……外刻歷履恩數之詳，以記其功；中鐫免罪減祿之數，以防其過。字嵌以金，凡九十七付，各分左右，左頒功臣右藏內府，有故，則合之以取信。」但這裏所說的免死，不包括因謀反而判處的死罪，明沈德符的《野獲編》裏談到，「所謂免死者，除謀反大逆，一切死刑皆免。然免後革爵革祿，不許仍故封，但貸其命耳。」

# 皇帝與「九」

／張羽新

九為陽數的極數，即單數最大的數。超過九，只是零的增加，在中國古代，多用九數附會帝王，常以九五稱帝王之位。《易．乾》：「九五，飛龍在天，利見大人。」九，陽爻；五，第五爻。龍為傳說中的神物，並以其附會帝王，後來因以九五稱帝王在位。天安門城樓建築格局，取「九五之數，意思就在這裏。《楚辭．九辯》：「君之門以九重」，京師置九門，即此意。

明永樂時建築北京城，即置九門：南有麗正、文明、順城；東有齊化，東直；西有平則、西直；北有安定、德勝。正統中，改麗正為正陽，文明為崇文、順城為宣武、齊化為朝陽、平則為阜城，餘四門仍舊。清仍明制。清代設步軍統領，掌管九門鎖匙、白塔倍炮、大內合符等，權勢很重，俗呼為九門提督。

紫禁城的房屋，九千九百九十餘間。

天安門城樓，面闊九間，進深五間。

紫禁城以及皇家園林、行宮的大門，裝飾用「九路釘」，每扇門的門釘縱橫各九，共八十一釘。

清代定制，蒙古各部王公每年向皇帝進獻白馬八匹，白駝一匹，謂之九白之貢。其餘貢品，亦多以「九」數計算，例如十八為二「九」，四十五為五「九」，餘類推。康熙十三年（西元一六七四年）題准：每年節，科爾沁等十旗，共進十二「九」，計羊一百零八隻，乳酒一百零八瓶；鄂爾多斯六旗、吳喇特三旗，共進九「九」，計羊八十一隻、乳酒八十一瓶；餘二十五旗，共進三「九」，計羊二十七隻，乳酒二十七瓶。

敕建寺廟，金佛斤重，亦以九數鑄成，假如金銅重八十一斤，則為九「九」之數，七十二斤則是八「九」之數。鑄佛數量，亦以九計，例如：乾隆四十五年（西元一七八〇年），為慶祝皇帝七十壽辰，內外主公、文武大臣、官員等，共造佛二千二百九十九「九」，合計當為二萬零六百九十一尊。

現在承德博仁寺寶相長新殿。供無量壽佛九尊，是康熙五十二年（西元一七一三年）蒙古王公為慶祝皇帝六十壽辰鑄造的。

清代宮廷年節大宴，包括水果、蜜餞、點心等，共計九十九品。

清代皇帝過生日，要舉行大的娛樂活動，表演雜技、放萬年春燈等，共九「九」即八十一種節目，而以梅花燈終之，名叫「九九大慶會」。

《詩．小雅．天保》：「如山如阜，如岡如陵，如川之方至，以莫不增……如月之恆，如日之升，如南山之壽，不騫不崩，如松柏之茂，無不爾或承。」詩為祝壽之辭，祝賀福壽延綿不絕之意。因詩名「天保」，連用九個「如」字，因以「天保如九」為祝壽之語。所以清代皇帝的壽筵及春節大宴食品、娛樂節目以及臣僚的祝賀「聖壽」的貢品等，也以九計，含有敬祝萬壽無疆的意思。久而久之，九這個數字，被皇帝獨占了，而一般人民，包括達官貴族，凡起居飲食器物等，都不能以九計了。

# 「三宮六院七十二妃」瑣談

／潘深亮

來故宮參觀的人們，總要問到封建皇帝是否真是過著「三宮六院七十二妃」的家庭生活。「三宮六院」在哪裏？「七十二妃」是否歷朝的定制？本文想在這方面作一些介紹。

故宮，又稱紫禁城，是明清兩代的皇宮，是我國現存最好最完整的古建築群，曾有二十四個皇帝住在這裏。故宮的建築，以乾清門為界，分成前後兩部分。前部以太和、中和、保和三大殿為中心。從乾清宮往北一直到神武門，這裏統稱為「內廷」，是皇帝和他的妃嬪們居住的地方。乾清門以北的乾清宮是皇帝的寢宮，再往北的坤寧宮是皇后的寢宮。在明代，中宮就是坤寧宮。到了清代，坤寧宮雖然改成了祭神的地方，但皇帝結婚時，還必須在東暖閣住兩天，所以坤寧宮仍是象徵性的「中宮」。在乾清宮與坤寧宮之間，有一個小殿叫交泰殿，以上總稱為「後三宮」，也就是民間傳說的「三宮」。

「三宮」的東西兩廂，還有貯存皇帝冠袍帶履的端凝殿，放圖書翰墨的懋勤殿，有皇子讀書的上書房，有翰林承值的南書房。在後三宮的兩邊，有門通到東「六宮」和西「六宮」，東西「六宮」是后妃居住的地方。東「六宮」是齋宮、景仁宮、承乾宮、鍾粹宮、景陽宮和永和宮，西「六宮」包括儲秀宮、翊坤宮、永壽宮、長春宮、咸福宮和重華宮。在東西「六宮」之後，各有五組同式的宮殿，是皇子居住的地方。這些就是舊小說和民間流傳所謂的「三宮六院」。

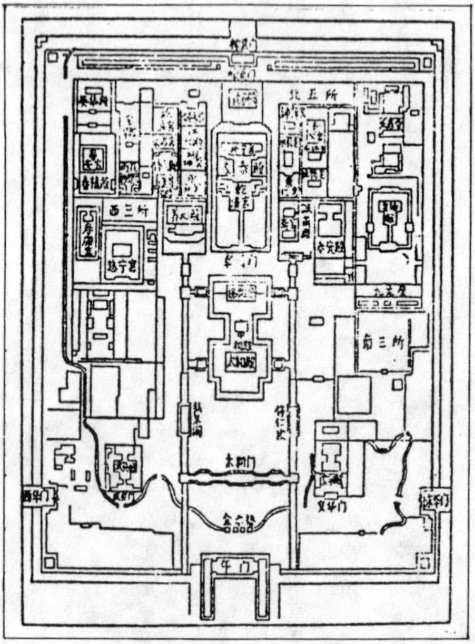

故宮博物院平面圖

再談「七十二妃」之說。一些民間傳說談到皇帝的家庭生活時，總是說皇帝是「三宮六院七十二妃」，或者說「粉黛三千」，總之，皇帝的妻妾眾多。這些說法，是有一定道理的。據《禮記》記載，周朝的制度是「天子後六宮、三夫人、九嬪、二十七世婦、八十一御妻」，這就說明，早在我國的周代，天子的妻妾就有夫人、嬪、世婦、御妻等名號，妻妾的數量，相當驚人。秦統一六國以後，根據古代「三皇」、「五帝」之說，改天子為「皇帝」。以後「六宮」數額，均一脈相承。漢代、唐代的內廷，在后妃以下，還都設有宮官女職，一般都是數百人。根據《新唐書》卷七十六記載：「唐制，皇后而下，有貴妃、淑妃、德妃、賢妃，是為夫人。昭儀、昭容、昭媛、脩儀、脩容、脩媛、充儀、充容、充媛，是為九嬪。婕妤、美人、才人各九人，合二十七，是代世婦。寶林、御女、采女，合八十一，是代御妻。」《後漢書》中，曾記載陳蕃上書給皇帝，訴說皇帝在老百姓飢寒交迫之時卻採選幾千宮女進宮，過著荒淫無恥的生活。

到了明代，朱元璋鑒於歷朝後宮宮女過多，秩序混亂，甚至干預政事，貽患無窮的教訓，曾進行過整飭。規定六宮定制和出入制度。但宮娥彩女，仍舊很多。明嘉靖皇帝，一次選進宮中有名號的妃嬪就有九人，由於有名號，才留下了記載。至於其他無名號的，就不知其數了。據《明史·後妃傳》中所記，宮人名號就有宮人、選侍、才人、淑女等等。到了明代的末年，政治更加腐敗，統治者窮奢極欲，皇宮內的宮女、太監，多得驚人。據《清康熙諭旨》揭露，明宮內「宮女多至九千人，內監至十萬人」。

到了清代，又重新規定了宮女、太監的數額和等級。與明代比，宮女、太監的人數明顯減少。清順治十五年，採禮官之議：乾清宮設夫人一，淑儀一，婉侍六，柔婉、芳婉皆三十；慈寧宮設貞容一，慎容二，勤侍無定數，又置女官，循明代六局一司之制。但由於某些原因，議定而未實行。

康熙以後，典制比較完備。按定制，太監三千三百一十六名，宮女約三百人以上（實際上不止此數）。此外每年還要役使「蘇拉」數萬人次。清代宮女，分為兩種，一種叫秀女，一種叫官女子。按康熙以後的規定，一個皇帝可以有一個皇后，一個皇貴妃，二個貴人，四個妃，六個嬪，貴人、常在、答應無定數（見《清史稿．列傳．后妃》）。皇后、妃、嬪、貴人、常在、答應等，都是封建皇帝妻妾們的封號。以政治上比較開明的康熙皇帝為例，葬在清東陵的康熙妃嬪，就有四個皇后，三個皇貴妃，四十八個妃嬪、貴人、常在、答應等。僅有資格葬在清西陵的雍正皇帝的皇后、皇貴妃等共有二十三人之多。

根據上述綜合的歷史事實，「三宮六院七十二妃」之說，並非臆造，是有一定的來歷的。但「七十二妃」不是一個固定的數額。根據歷朝的情況，均有變動。按《禮記》推斷，在一百人以上。然而，封建皇帝「至高無尚」，獨斷專行，即使有什麼定制，他也不一定按規定執行。

封建皇帝這種多妻制，是封建社會的一種罪惡，是對婦女的一種殘酷壓迫。唐代詩人白居易在揭露宮女悲慘命運的詩中說：「三千宮女胭脂面，幾個春來無淚痕」。明末清初的啟蒙思想家黃宗羲，指責封建皇帝「敲剝天下之骨髓，離散天下之子女，以奉我一人之淫樂」，造成民間多怨夫，宮中多怨女，是多麼的可悲可恥。事實上，封建皇帝每一次選宮女，就是老百姓的一場災難。選到宮中的女子，一旦失寵，就被關進宮內禁室裏，終生不得自由。明英宗以前，每當皇帝死去，不少宮女還得陪葬，真是慘絕人寰。

# 「金磚」墁地

／蔣博光

過去，有種傳說，「皇帝宮殿裏，地都是用金磚墁的」什麼是「金磚」呢？當我們進入紫禁城內的金鑾殿，看到光潤似墨玉，踏上去不滑不澀的方磚，也就是所謂「金磚」地時，當然誰也不會相信真的是黃金做的。那麼，為什麼又有金磚之稱呢？這是因為這種磚是專為皇宮燒製的細料方磚，顆粒細膩、質地密實，敲起來有金石之聲，所以叫「金磚」。也有一種說法是：這種磚只能運到北京的「京倉」，供皇宮專用，因此叫「京磚」，而逐步演化，稱為「金磚」的。

鋪地用磚，從二千多年前的春秋後期，就有了。但磚的質量和形式與「金磚」相比，有很多不同之處。現在故宮太和殿、中和殿、保和殿內墁地的「金磚」，多是明代燒製的。從宋應星所著的《天工開物》上，大體上可以瞭解到它的簡單的製做過程；用料是「粘而不散，粉而不沙者為上」，然後「吸水滋土，人逐數牛錯趾，踏成稠泥」，叫做練泥。泥練好後，「填滿木框之中」，「平板蓋面，兩人足立其上，研轉而堅固之」，然後將磚坯陰乾，入窯燒製。

明永樂年間建造北京紫禁城皇宮時，城磚都是山東臨清窯的，細料方磚是蘇州等五府燒造的。因為蘇州等地位於大運河旁，土質細膩，含膠體物質多，可塑性大，澄漿容易，製成的磚質地密實，且可就近利用運河水運到北京的緣故。

蘇州燒製的「金磚」，除了選土、練泥、澄漿、製坯、陰乾等工序的細緻加工外，從明代在蘇州主持製磚的工部郎中張向之所寫的《造磚圖說》中還可看到，「入窯後要以糠草熏一月，片柴燒一月，棵柴燒一月，松枝柴燒四十天，凡百三十日而窨水出窯」。這就是燒製「金磚」的過程。磚製成後，經過幾千里的遙遠路途，運輸到北京，到鋪墁時，工藝要求更為嚴格。首先進行砍磨磚加工，以使墁後表面嚴絲合縫，即所謂「磨磚對縫」。然後抄平，鋪泥、彈線、試鋪，最後按試鋪要求墁好、刮平，浸以生桐油，才算完成。

清代官書《工程做法》上規定，砍磨二尺金磚每一工只能砍三塊。而墁地時每瓦工一人、壯工二人，每天只能墁五塊。其他運輸等雜工尚不計在內。當我們踏上三大殿的「金磚地」時，不禁想到古代無數勞動人民的智慧和血汗，是很難用黃金補償的。在這個意義上稱作「金磚」，才不是徒具其名的。

# 古代皇宮冬天怎樣取暖

／王誠

北京的冬天是漫長的，一年內約有一百五十餘天比較寒冷，最冷時可達攝氏零下二十度左右。冷天這樣長，昔日的皇宮裏是怎樣取暖的呢？

紫禁城內的宮殿建築大都是座北朝南，這種建築設計，有利於依靠日照取暖。此外，無論正房、偏房，都有厚厚的牆壁和屋頂，十分保暖。再加上一道又一道高大的宮牆，也可以抵擋寒冬季節西北風的侵襲。當然，建築上的設計，僅能起到防寒保暖的作用，室內取暖，還要另外有一套設備和措施。

在紫禁城內一些宮殿的地面下都挖有火道，添火的門設在殿外廊子下，是兩個一人多深的坑洞，即灶口，這就是有名的暖閣結構。昔日康熙、同治和光緒帝結婚的洞房——坤寧宮東暖閣和絕大多數宮殿，現在都還保留著這種設施。殿前的灶口覆蓋著木蓋，至今可見。暖閣之外，還有暖炕，上至皇帝、皇后，下至宮女、太監，凡是居室，都有炕牀，炕下有火道，結構與今北方農村中的炕床差不多。

除上面這些設施之外，室內還設有火爐，又叫火盆，或叫熏籠。熏籠的製作十分精美，分為盆和籠兩部分。大的熏籠重達數百斤，通高一米多，或三足，或四足，有的是青銅鎏金的，有的是掐絲琺琅的，十分華貴。如今在太和殿、中和殿、保和殿、乾清宮、坤寧宮等處，都陳列有熏籠。小的火爐，隨手可以提動，像西瓜那麼大小，放在腳下暖腳的叫腳爐，用來暖手的叫手爐，製作更加精美講究。當然，這只有帝、后及妃、嬪們才能使用。

火爐中所用的燃料是木炭，上好的木炭叫「紅羅炭」，是由涿州、通州、薊州、易州及順天府屬的宛平、大興等縣用硬實木材燒製的。成炭以後運送到紅羅廠（今西安門外），按尺寸鋸截，盛入塗有紅土的小圓荊筐，再送入宮內使用，所以名為「紅羅炭」。

優質的木炭，烏黑發亮，燃燒耐久，火力特旺，既不冒煙，又沒有味，不至於汙染室內的空氣。紫禁城內，房屋數量多，人口也眾多，在漫長的冬季，所需用木炭數量是相當可觀的。清代乾隆年間，宮內按份例供應木炭，每日供應的標準是：皇太后，一百二十斤；皇后，一百一十斤；皇貴妃，九十斤；貴妃，七十五斤；公主，三十斤；皇子，二十斤；皇孫，十斤。

上面僅只是住在宮內的一部分人的日常用炭量，有時還有額外用途。如：明代宛平知縣沈榜在《宛署雜記》中說到萬曆十八年（西元一五九〇年）殿試，一次就用木炭一千多斤。清光緒朝《欽定大清會典事例》上也記載：「今年（雍正元年）殿試，天氣已寒，諸貢士若照舊例在丹墀對策，恐硯池冰結，難以書寫，著在太和殿內兩旁對策。再傳喻總管太監，多置火爐，使殿內和暖，諸貢士得盡心作文寫卷。」

明、清兩代專管供應皇宮內薪炭的機構叫做惜薪司，衙署設在西安門內。在明代惜薪司官員可以直達皇帝御前奏事，故有「近侍牌子」之稱。清代在皇宮內還設有三個機構，一為爇火處，設八品首領太監二員、太監五十員，專管安裝火爐，運送柴炭；二為柴炭處，有首領太監二員、太監二十五員，專管柴炭的存儲和分發；三為燒炕處，有首領太監二員、太監二十五員，專管點火燒炕。此外，各宮殿還有若干名太監聽差，專管宮內的火盆，打更和守夜。

皇宮內用炭取暖，管理制度是很嚴格的，但是由於宮殿建築大多是磚木結構，因而在冬季極易因取暖用火不慎而發生火災。例如：清嘉慶二年（西元一七九七年）負責管理乾清宮取暖用火的太監郝世通，在一天夜裏把火盆裏的木炭悶滅後，隨手倒在楠木隔山旁邊。不料餘燼未熄，死灰復燃，竟把楠木隔山引著了。一時烈焰沖天，大火熊熊，一夜之間，整個乾清宮及其附近的交泰殿、宏德殿、昭仁殿都化為灰燼。為此，「龍顏」震怒，當即把郝世通送刑部處死，其餘有關連的二十五名太監，也分別受到了很重的處罰。

# 清代皇帝怎樣用膳

／徐啟憲

當人們步入紫禁城以後，看到封建皇帝住的是金碧輝煌的宮殿，用的是金銀珠玉的器具，自然不免產生聯想，皇帝吃的又是什麼？在什麼地方吃飯？怎樣吃法？從清代內務府的檔案記載，可以看出，這裏面的名堂是多得很的。

皇帝吃飯，有專門名詞，有好幾種叫法，或叫「傳膳」，或叫「進膳」，或叫「用膳」，就是迴避說「吃飯」，因為他「高貴」嘛，所以連吃飯的叫法也就特別些了。

為了侍候皇帝吃飯，宮廷中專門設立了一個機構，叫做「御膳房」，直接由內務府管理，設管理事物大臣若干人，都是由皇帝特別簡派的。管理大臣下再設尚膳正、尚膳副、尚膳、主事、委署主事、筆帖式等官職，具體負責皇帝吃飯的事宜。

皇帝吃飯，並沒有固定的地點，多半在他們經常居住和活動的地方。如乾隆時期的內務府檔案中記載，乾隆十二年「九月三十日辰初，萬歲爺（即乾隆皇帝）弘德殿進早膳畢。」「十月初一日未正，萬歲爺重華宮正誼明道東暖閣進晚膳。」「十月初一日茶膳房侍候，萬歲爺露紅盤野意酒膳一桌，十五品，……至養心殿侍候。」兩天之內變換了三個吃飯地方。

皇帝吃飯，按清代的生活習慣，分早、晚兩頓正餐。早餐一般在卯正一刻（上午六點以後），但有時推遲到辰正（上午八點以後）。晚餐在午正一刻（上午十二點以後），或推遲到未正（下午兩點以後）。兩頓正餐之外，還有酒膳和各種小吃，一般在下午或晚上，沒有固定的時間，由皇帝隨意命進。

每到吃飯的時間，皇帝命御前侍衛開始傳膳。負責用膳的大小官員，立即命令有關的大大小小太監在用膳的場所布陳膳桌，將預備好的飯菜迅速從御膳房擡來，按照傳膳的規定布菜。因為皇帝總是害怕有人謀害他，就是對他的近臣侍衛以及管理用膳的機構也不放心，所以飯菜來了，他並不馬上就吃，而是先看看每道菜盤上放的一塊小銀牌變不變色，據說只要飯菜中下有毒藥，銀牌就能反映出來。看了銀牌之後，他仍不放心，還要叫隨侍的太監先把每樣飯菜嘗上一點，叫「嘗膳」。如果飯菜裏下了毒藥，太監嘗了會先毒死，就輪不到他死了。可見一做了皇帝，他就把一切人都看成是自己的敵人，無形中也就把他自己牢牢地圈起來了。

此外，凡是遇到值班奏事引見的日子，照例文武臣僚各於皇帝吃飯的時候進呈牌子。要求皇帝引見和奏事。宗室王公用紅頭牌子；文職副都御史以上，武職副都統以上，用綠頭牌子；外官來京者文職按察使以上，武職副都統、總兵以上，用一般牌子。皇帝看過這些牌子之後，再決定是否引見和准奏。因為這些牌子是在皇帝吃飯時進呈的，所以也叫「膳牌」。

上面是皇帝吃飯前的一些程序。那皇帝吃的是些什麼呢？

御膳房煮飯做菜用的水，是從北京西郊玉泉山專門運來的泉水，據說這裏的水「最輕清」。吃的米是黃、白、紫三色老米。京西玉泉山、豐澤園和湯泉等地，有專人培植這種稻米，此外，還有全國各地進貢的上色好米，人們常稱之為「貢米」。羊肉取之於宮中慶豐司。膳房不用牛肉，只用牛奶，也由慶豐司供應。其他雞、鴨、魚、豬肉及時鮮蔬菜，都是在市場上買的。各種山珍海味，奇瓜異果，和各地方著名乾菜等，則由全國各地呈貢而來。這些都是事先儲存準備好了的。

皇帝每一頓飯又都吃些什麼？這可以從每天每餐的膳單上看出來。膳單上面詳細注明早、晚用膳的時間、用何膳桌擺膳，在何地用膳，以及飯菜的品名，按日交與御膳房承做。有時膳單上還指名何人做何菜，各種菜飯用何餐具盛送。《養古齋叢錄》中就有這樣的記載：「膳房恭備御膳，某物品及某物為何人烹調，逐日開單具稿，呈內務府大臣畫行。」

在清代內務府檔案中，保留著清代皇帝的大批膳單，為我們今天瞭解封建皇帝用膳的品類提供了第一手資料。這裏僅舉乾隆一餐的膳單，即可得知一斑。乾隆十二年十月初一日進晚膳，膳單內容是：「萬歲爺（按即乾隆皇帝）重華宮正誼明道東暖閣進晚膳，用洋漆花膳桌擺。燕窩雞絲香蕈絲火熏絲白菜絲鑲平安果一品，紅潮水碗。續八鮮一品，燕窩鴨子火熏片膪子白菜雞翅肚子香蕈，合此二品，張安官做。肥雞白菜一品，此二品五福大琺琅碗。肫吊子一品，蘇膾一品，飯房托湯，爛鴨子一品，野雞絲酸菜絲一品，此四品銅琺琅碗。後送芽韮抄鹿脯絲，四號黃碗，鹿脯絲太廟供獻。燒麅肉鍋熰雞絲晾羊肉攢盤一品，祭祀豬羊肉一品，此二品銀盤。糗餌粉餈一品，象眼棋餅小饅首一品，黃盤。折疊奶皮一品，銀碗。脖祭神糕一品，銀盤。酥油豆麵一品，銀碗。蜂蜜一品，紫龍碟。拉拉一品，二號金碗，內有豆泥，琺琅葵花盒。小菜一品，南小菜一品，菠菜一品，桂花蘿蔔一品，此四品五福捧壽銅胎琺琅碟。匙筯手布安畢進呈。隨送粳米膳進一碗，照常琺琅碗、金碗蓋。羊肉臥蛋粉湯一品，蘿蔔湯一品，野雞湯一品。」乾隆帝這頓平常的晚膳，用了各式菜湯二十餘品，餐具用珍貴的金、銀、琺琅、瓷等碗盤碟匙，而且幾種名菜都要特命名師承做。就在同一天的霽紅盤酒膳一桌中，十五品菜，其中有四品就是著名廚役張安官承做的。但是在乾隆皇帝用膳時，感到四品菜不像張的手藝，馬上命令小太監傳旨，令廚役張安官再親自做菜一品呈上，於此可見皇帝口味之高，要求之嚴。一餐膳食幾十種，皇帝一人吃得下嗎？當然不會。按照清代制度的規定，皇帝和后妃以及宮內人役都有一定的份例。在皇帝的份例中，僅膳食一項，每日用白銀五十兩，不管皇帝用膳與否，用多少，飯菜都是按照每日膳單呈送的。皇帝每次用膳畢，往往將吃不完甚至動也不曾動過的豐盛飯菜賜予他的臣下。宮內的妃嬪、皇子、公主及御前、內務府、軍機處、南書房入值大臣等，經常得到皇帝的賞賜。在皇帝權威高於一切的封建社會中，文武臣僚們能得到皇帝賞賜的一碗菜，就感到無上榮幸了。

這裏談及的，還僅僅是清代皇帝平日吃飯時的情況，遇到年節，國有大典，以及婚喪喜慶等等舉行大型筵宴時，其排場之大，耗費之多，那就更可想而知了。雍正皇帝在養心殿裏寫的一副對聯說：「惟以一人治天下，豈為天下奉一人。」前一句話說的倒是實情，後一句話就完全是自欺欺人了。單就皇帝的一頓飯來說，就不知耗費了全國人民多少血汗，豈不是天下奉他一人嗎！

# 說「餅」

／洪 沈

在我國古代，「餅」是各種麪食的總稱。《說文解字》說：「餅，麵餈也。」「餈」，後來寫作「糍」，是把稻米搗碎以後製成的食物，如稻餅。現在南方還有用糯米做的糍巴。

上古時期，人們以稷、黍、麥、菽、稻等各種糧食為主食。由於尚未發明磨盤，吃麪食可能很少。在先秦的主要典籍中，也很少見到「餅」字。只是在《墨子》中偶然出現過。但是，到了漢初，有關麪食的記載就相當多了。相傳漢高祖的父親劉太公不習慣過宮廷生活，劉邦便按照家鄉的格局為他建了一個新豐邑。不但街道、房屋、雞犬一仍其舊，就連當地的酒肆、餅鋪也都照樣搬來。由此可見當時吃餅的習俗已經十分盛行了。

魏晉以後，餅的花樣出現很多，大致說來有這樣幾種：

**一是籠屜蒸的**。這就是蒸餅。開始是死麪的，所以有「牢丸」的稱呼。後來人們發現了發麪的方法，這就有了「起麪餅」。但在晉朝發麵的方法也還很神祕，所以能吃上「十字裂」的開花餅，還被人們認為是很奢侈的。蒸餅的形狀也在不斷改進，由扁平逐漸變成圓形，這就有了饅頭。相傳諸葛亮征伐西南地區，見到當地人用人頭祭祀，就讓他們改成用麵做的饅頭來代替。所以一些記載事物起源的書，都把饅頭說成是諸葛亮發明的。但是，蒸餅的稱呼卻延續很久。宋仁宗名「禎」，「蒸」與「禎」字音相近，於是宋代蒸餅叫「炊餅」。《水滸》裏的武大賣的炊餅，也就是蒸餅，說不定就是今天的饅頭吧。有了饅頭以後，裏面夾了餡，這就是包子。宋代包子鋪已經很普遍了。

**另一種是在火上烤或烙的**。這叫做爐餅。撒上些胡麻（芝麻）的，叫做胡餅，也叫麻餅、胡麻餅。唐朝時京城裏胡麻餅又香又酥，是上等食品。白居易詩《寄胡餅與楊萬州》有「胡麻餅樣學京都，麪脆油香新出爐」的句子，可以為證。這就是今天的燒餅了。後加改進，出現了餡餅。

**放到水裏煮的叫湯餅**。湯餅的原始做法很簡單，把麪揪下來放到水裏煮熟就是了。這大約就是今天的片兒湯之類。晉朝束皙的《餅賦》說：「玄冬猛寒，清晨之會。涕凍鼻中，霜成口外。充虛解戰，湯餅為最。」古時做湯餅是用一隻手托麪，另一隻手撕麪，在鍋邊按扁，放進水中，所以又叫「飥」。後來有了擀麪杖，不再用手托了，所以叫「不托」，也寫成「餺飥」。餺飥到後來又成了麪條。餛飩的起源較早，餃子可能是到六朝時才出現。隋初時的顏之推說：「今之餛飩，形如偃月，天下通食也。」這是可信的。前些年故宮展出了新疆吐魯番唐朝墓葬中發現的幾個餃子，形狀正如顏氏所云，和今天我們常見的水餃沒有什麼差別。由此可知唐朝人已經吃上餃子，而且傳到了邊遠的地區。

此外，還有油炸的油餅、薄脆以及春餅、月餅、桂花餅，都是由來已久的。

# 話古扇

／汪萊茵

扇子是引風用品，夏令必備之物。我國古代用扇，有團扇、紈扇、羽扇，原是不能折疊的。扇子也稱為「箑」，歷史文獻上有可靠記載的見於西漢，實際上它的使用遠早於此。扇子的形狀有圓、長圓、扁圓、團方、梅花、海棠、葵花形等。從扇面用料來分，又可分為絹扇、羅扇、紗扇、綾扇等。隨著造紙技術的發展，隋、唐時期又出現紙扇，與絲織品扇面並存，一直流傳至現在。

扇子是手工藝品，又是書畫藝術品，很多書畫名家喜好在便面（即扇面）上題詩作畫，或應執扇人之約，為之題詩作畫。歷史上著名的書法家、畫家王羲之、蘇軾，都有「題扇」，「畫扇」的軼事留傳下來；文學作品中也有不少反映題詩畫扇的描述。

扇柄也是一種形式豐富的工藝品，有玉雕、牙雕、木雕、骨雕、竹根雕、紫檀雕、雕漆等等。一九七五年江蘇省金壇縣南宋周瑀墓出土了兩把團扇，均係長圓形，都以細木桿為扇軸，竹箋絲為扇骨。周瑀墓出土的兩把是紙面的，其紙已呈褐色，其中有一把的扇柄是鏤空雕漆轉柄。周瑀墓出土的如此完整的宋代團扇，實屬罕見，雕漆扇柄更是我國雕漆工藝史上一件珍貴的實物資料。

現代盛行的折扇，一般認為不是我國所創，而是宋朝時由日本傳入我國的。也有認為折扇源於中國，但尚缺實物資料，有待進一步考證。北宋首都開封的著名市場大相國寺裏，即有日本製的折扇出售。折扇傳入我國後，很快得到了普及和發展，特別是在士大夫中更為流行。製作上也有改進，扇骨從原來的五根、七根、八根、十根，增加至十數根，並發揚了原有的雕鏤技術，刻以花紋，更富裝飾性，如象牙扇、檀香扇，從而發展成為具有中國特色的傳統工藝品。

現在我國保存的傳世最大最早的折扇，大概要屬故宮博物院所珍藏的明代大折扇了。這把折扇共十五骨，即兩邊各有一根大骨，中間十三根小骨。扇骨長八十二公分，扇面縱五十九．五公分；橫一百五十二公分。兩邊的兩根大骨上頭略小、方頭，下骨稍大，圓底。扇子合起來時，好像一根竹竿劈為兩半，一邊扣著一半，和一般常見的折扇不大一樣。凡露在外面的骨子，全以湘妃竹皮包鑲。扇的兩面均為紙本設色人物畫，一面畫的是柳蔭賞花，戴烏紗帽的是主人，手中捧著一瓶花的僕人，正在向主人走來；另一面畫的是一幅松下讀書圖，畫面也有一主一僕，並書有「宣德二年春日武英殿御筆」款。此外，扇面還鈐有「武英殿寶」朱文方印和「乾隆御覽之寶」朱文橢圓形印，這說明清代皇帝把這把大折扇視為珍寶收藏。扇面畫的作者是明代第五個皇帝朱瞻基，年號宣德，他生於西元一三九八年，卒於西元一四三五年，只活了三十八歲，在位十年

（西元一四二六～一四三五年）。此扇面的畫作於宣德二年，即西元一四二七年。他本人喜歡繪畫，擅長山水、人物及花卉草蟲等。在他執政時期，明代宮廷繪畫開始興盛發展。這把折扇年代確切，形制完整，既是研究折扇的重要實物憑證，又是研究朱瞻基書畫作品的一件實物資料。

這把大型折扇，工藝水平高超，製作精緻，顯然不是出於一般工匠之手，在民間尚未發現過，故宮內保存這樣大的折扇也只有這一件。它是西元一九四九年十月十三日在故宮養心殿南庫發現的，發現時扇面扇骨均已破損，後來經過故宮博物院修復廠老師傅們的精心揭裱與修理，恢復了原來的真面目。

這樣碩大的扇子，當然皇帝個人是難於揮動的，而是由宦官侍從們替他揮搧用的；不過也可能是為了爽心悅目，而故意製造出來當作擺設的。

其他的傳世折扇，還有沈周（西元一四二七～一五〇九年）作畫和吳寬（西元一四三五～一五〇四年）書寫的推蓬式冊頁扇面。近年考古發掘的有江蘇省江陰縣的明代剪紙竹骨折扇，扇子表面呈素色，若在陽光下打開，就顯出剪紙「梅鵲報春圖」，畫面精細秀麗、玲瓏剔透。與此同時出土的一本收糧簿封面有「正德十年」字樣，可知此扇的製作不晚於西元一五一五年。此外，李聖傳先生捐贈，揚州市博物館收藏的《西遊記》作者吳承恩於嘉靖十三年（西元一五三四年）書寫的扇面，也是極為珍貴的文物。近年蘇州市虎丘王錫爵夫婦合葬墓出土了三把折扇，其中一把是男用十六方九寸圓頭水磨竹骨，紙面書畫折扇，可惜扇面已毀。女用兩把都是二十二方九寸圓頭烏漆竹骨灑金扇，扇面黑底灑金加大小菱形塊金圖案，保存完好，光彩奪目。王錫爵死於西元一六一〇年，妻朱氏死於西元一五九八年，西元一六一三年合葬。這些折扇或扇面都較故宮珍藏的明代大折扇為晚。

我國使用扇子的歷史悠久，豐富多樣，手工精細，題詩繪畫，別具妙趣，這從一個側面反映了我國古代文化的輝煌燦爛。

# 銅鏡雜談

／杜迺松

銅鏡是古人整容照面用的生活用品，照面的一面磨光發亮，鏡背大多鑄有鈕和花紋。花紋構圖設計精巧，體現了當時的習俗和匠師們的技藝，因而它不但是實用器物，而且也是一種藝術品。目前各地博物館中陳列的銅鏡，多數是考古發掘出來的，少數則是傳世品。它們是我國古代光輝燦爛文化的組成部分。

銅鏡的用途，古文獻裏的記載是屢見不鮮的，例如：《戰國策．齊策》裏，「有朝服、衣冠窺鏡」一句。南北朝時，有名的長篇敘事詩《木蘭詩》中有寫到木蘭代父從征，經歷了「寒光照鐵衣」的十年征戰生活，回歸故鄉後，才又恢復女性的「當窗理雲鬢，對鏡貼花黃」的生活。西晉畫家顧愷之的《女史箴圖》畫卷內，描繪了一位丰采優美的婦女正在對鏡梳妝。這些都是古人使用銅鏡的真實寫照。前幾年在江西發掘的一座宋墓裏，曾出土一件形象生動的持鏡俑，說明古人妄想死後還有人侍候他照鏡子。

古人迷信，在古墓內常見到在墓頂上方或棺牀的四角放有銅鏡，據說能避邪。神異靈怪小說《續搜神記》中還有用銅鏡來降妖的故事。

由於古人日常使用銅鏡，其習俗又是「事死如事生」，「諸養生之具無不從葬」，因而銅鏡常被用來作隨葬品。從發掘的古代墓葬來看，銅鏡放置的位置常常是在人的頭頂部或胸側，以示此為隨身常用之物。在湖南長沙等地的戰國時代的古墓內，銅鏡出土時是放在漆盒內的，有的在漆盒內還放有木梳與木篦。新疆的漢代墓葬，銅鏡在出土時常是套在用絲織品製成的小荷包內，由於當地特殊的自然條件，絲織小荷包也能得以完好地保存下來。

古人用銅鏡能起到修飾作用，所以常借鏡來比喻自省，並出現了這方面的一些專門名詞，如「鏡考」、「鏡誡」、「鏡鑒」，等等。《唐書》記載：「太宗謂群臣曰：『夫以銅為鏡可以正衣冠，以古為鏡可以知興替，以人為鏡可以明得失，朕常保此三鏡以防己過，今魏徵殂，猶一鏡亡矣』。」這是把人比作鏡子來自省的一例，後世傳為名言。

我國古代究竟何時發明和使用銅鏡呢？從文獻記載看，那是相當早的，可追溯到古史的傳說時代，最早的傳說主要有《黃帝內傳》：「帝既與西王母會於王屋，乃鑄大鏡十二面，隨月用之。」《玄中記》：「尹壽作鏡，堯臣也。」但這些都是不足信的。商周甲骨文和金文裏也還沒有「鏡」字，而有「監」字，《說文解字》說，「監，臨下也。」甲骨文和金文「監」字的字形，正像人臨器皿俯視之狀，也就是「人監於水」之形。這種移「監」的器皿也就是盆的一種，說明那時用器盛水，用水照容。

從實物資料看，西元一九七六年在河南安陽殷墟五號墓內發現了五面鏡背有弓形小鈕和簡單弦紋的商代後期銅鏡，作風粗拙樸素，應該說這是銅鏡的初始形態，也是我國目前發現的最早的銅鏡，說明在商代已使用銅鏡。

戰國時代，銅鏡開始盛行，製作特點是形製輕巧，多圓形，也有方形的，鏡鈕細小。故宮博物院珍藏一面背鈕為蛙形的戰國鏡，世所罕見。戰國銅鏡大都無銘文；鏡背有無紋飾的，也有單層或雙層花紋的，主題紋有獸面紋、山字紋、花葉紋、龍鳳紋等。

西漢時代，所製銅鏡逐漸厚重，紋飾有幾何形圖案，出現了半球形鏡鈕，鏡背開始有銘文，多通俗的吉祥語，一般為三字或四字一句，其中「長相思，毋相忘，常富貴，樂未央」是常見的。在鑄有「內清質以昭明」或「見日之光」銘的銅鏡中，有的有透光效應，這種銅鏡一般稱作

漢規距狩獵紋鏡

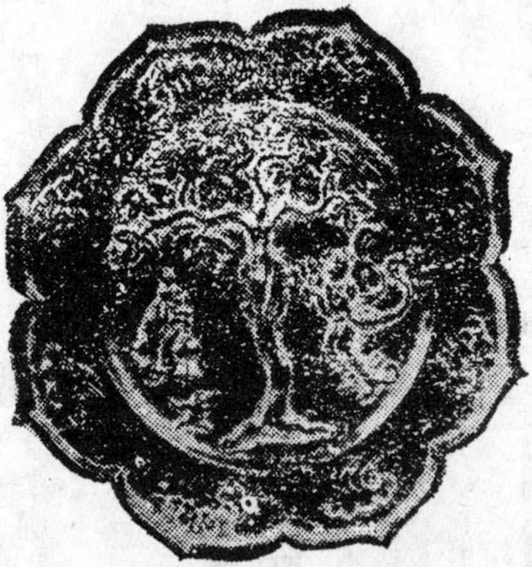

唐月宮鏡

「透光鏡」，其外形與一般銅鏡無異，但當日光或燈光照射鏡面時，與鏡面相對的牆上能映出鏡背紋飾的影像。關於這種透光鏡，前人早有記載，但不明其原理。近年來有關單位研究認為，銅鏡在鑄造過程中，鏡背的花紋凹凸處凝固收縮，產生鑄造應力，鏡面產生與鏡背花紋相應而肉眼不易覺察的曲率，從而引起透光效應。

東漢至魏晉南北朝，又出現了規矩四神紋鏡，鏡面上還常有「青龍白虎掌四方，朱雀玄武順陰陽」銘文；還有神獸和畫像鏡，後者多是一些歷史故事，如伍子胥、越王、范蠡等人的畫像，鏡鈕是柿蒂形和蝙蝠形。有些還有紀年銘文。

唐代所製銅鏡較厚重，潔白光亮，有圓形，八棱形、菱花形、帶柄手鏡等各種式樣，紋飾有花蝶、葡萄、鳥獸、人物故事以及打馬球等畫面，還有用金銀箔和螺鈿鑲嵌成花鳥等紋飾，工藝水平又提高了。

宋代多菱花形鏡，還有方形委角、亞字形、葵瓣形等鏡；紋飾以纏枝花草牡丹紋為主。鏡上常附有製鏡作坊的標記，如常見的有「湖州石念二叔煉銅無比照子」字樣。

元、明、清幾朝仍製作銅鏡，除仿照漢、唐銅鏡上的紋樣外，元代的特點是雙魚紋鏡較多；明、清時代的鏡，鏡背常有填漆或用漆作的畫。有的鏡上也有銘文，如故宮博物院收藏的一面鏡上就有「月樣團圓水樣清，開匣當如見故人」一類的詩句。

清朝乾隆時期，我國玻璃鏡出現與廣泛採用後，銅鏡的製作就越來越少了。

# 算盤古今

／王中偉

算盤是我國古代勞動人民的一項發明創造，是我國傳統的國寶之一。這是為世界各國所公認的。

算盤是由早在春秋時期便已普遍使用的籌算逐漸演變而來的。在古籍中，最早出現「珠算」這個名詞的是東漢徐岳撰的《數術記遺》。這本書中寫道：「珠算控帶四時，經緯三才。」北周甄鸞注：「刻板為三分，其上下二分，以停游珠，中間一分，以定算位，位各五珠。上一珠與下四珠色別，其上別色之珠當五。其下四珠，珠各當一，至下四珠所領。故云控制四時。其珠游於三方，故云經緯三才也。」可以認為，有理論、用珠子計算的，就可以叫做「珠算」。這樣，漢代已有珠算的說法是對的。

宋代的《謝察微算經》載有「算盤之中……橫樑隔木」，算盤中有橫樑隔木，這和近代的算盤相類似。

宋元之間的學者劉因在他的《靜修先生文集》中載有算盤詩。元末陶宗儀《南村輟耕錄》「井珠」條有「算盤珠」，「撥之則動」的「走盤珠」的比喻。元雜劇《龐居士誤放來生債》和《玎玎璫璫盆兒鬼》分別載有「算盤」、「算子」的說法。顯然，算盤在元代已十分流行。

明代有關算盤的記載就更多了。永樂年間馬歡的《瀛涯勝覽》，景泰元年吳敬的《九章詳注比類算法大全》，萬曆年間柯尚遷的《數學通軌》等都有關於算盤的記載。西元一五九三年（萬曆二十一年）程大位著《算法統宗》一書，對珠算的計算方法還作了詳細的解釋。

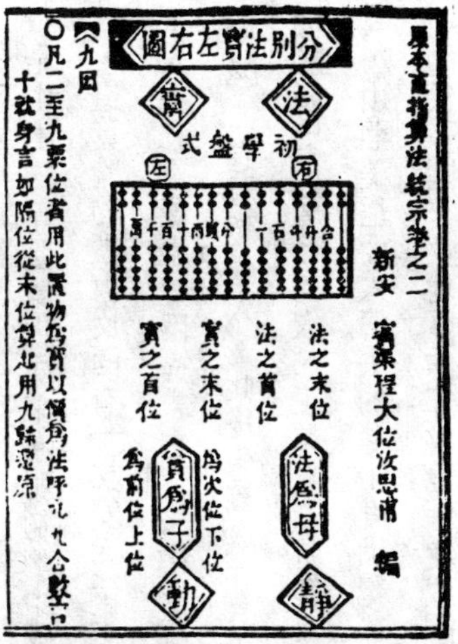


有趣的是，一些文物資料還載有算盤圖樣。上述《算法統宗》一書就附有「初定算盤圖式」（見圖）。可是，過去認為，最早繪有算盤圖樣的書籍當推明初（西元一三七一年）撰成的《魁本對相四言雜字》。此書第十九面繪有樑上二珠、樑下五珠的十檔算盤圖，圖旁標有「筭盤」二字。等，計算用的籌。《說文．竹部》：「等長六寸，計曆數者。」這也可說明籌算是珠算的前身。但這並不是最早描繪的算盤圖式。近年來，國內外的一些珠算專家專門考察了存放在故宮博物院的宋代大畫家張擇端的名作，真本《清明上河圖》。發現此圖左端所繪趙太丞藥店的櫃台上放著一樣東西，經辨別和研究，確認這是一架算盤。《清明上河圖》製作年代推定為西元九六〇～一一二七年之間，比《魁本對相四言雜字》要早四百年。這就是說，算盤早在宋代就在社會上普遍使用了。畫家畫算盤的年代自然不等於算盤產生的年代，但至少不會晚於這個時代。從這裏可以推測，有橫樑的穿檔的大珠算盤的產生應早於宋代。

綜上所述，算盤的形成不會是某個人的創造，也不會是某年的產物，它是古代勞動人民，有見識的學者，經過多少代共同努力的產物。珠算最早見之於文獻的當推東漢《數術記遺》一書。

中國珠算流傳世界很多國家。外國的珠算盤雖然樣式與我國的珠算盤不同，但可以肯定大多數是由中國算盤變化而來。明初，中國算盤已流傳到日本。日本的山田市現在還保存著一把算盤，這算盤的蓋板反面有「文安元子年」（明英宗正統九年，西元一四四四年）的標記。相傳日本人毛利重能奉豐臣秀吉之命來中國學算術。他歸國時攜程大位的《算法統宗》一書，自著《歸除濫觴》二卷教授國人。此後，算盤在日本甚為流行。俄國珠算盤，相傳是從中國經西伯利亞，由俄國歷史上著名商人、工業家斯特羅日涅夫帶去的。也有的數學家說，俄國算盤是從中國經土耳其，由亞美尼亞人傳去的。十九世紀二十年代，又從俄國傳到了西歐各國。東北亞、東南亞和中亞的很多國家及地區的算盤也深受我國的影響。這是中華民族對世界文明作出的又一貢獻。

當今，世界已進入電子時代。新的計算工具電子計算器研製成功並廣泛應用。然而珠算盤不僅沒有被淘汰，而且在一些工業發達的國家還出現了「算盤熱」。早在西元一九二六年，日本文部省就將珠算訓練規定為高小的必修課。西元一九二八年日本舉行了第一次珠算技能等級測驗，到西元一九四三年全國統一了這一制度。現在日本每年有百萬人以上參加珠算技能鑒定測驗，沒有等級測驗合格證，各公司都不錄用。目前在日本的企事業中，算盤的使用量占總的計算工具的百分之八十三以上。日本現在有十多個珠算組織，出版近二十種珠算刊物。每年有多次全國的和地方的珠算比賽大會，據說日本松下電氣公司職員辦公桌上都有一把算盤。現在，日本又提出「珠算國際化」的口號，把珠算當作對外文化交流的一個項目。美國是電子計算機的故鄉，計算機已普遍使用，但現在卻派人到日本去學習珠算，還聘請日本珠算專家到美國去傳授珠算技術。目前還在加利福尼亞大學成立了「美利堅珠算教育中心」，要把珠算當作新文化引進美國；東南亞國家珠算也很盛行。印度也在請日本專家去教珠算。由此可見，算盤不僅不會被計算器所代替，還會充分發揮它的作用。這是因為珠算盤有許多長於電子計算器的優點：它構造簡單、製作方便、成本低、經久耐用、修理容易，電子計算器則與此相反；珠算盤不需能源，電子計算器則不僅耗費能源，而且在電壓不足時，計算不準確；珠算盤在做加減法計算時要比用電子計算器快得多。因此做一般會計、營業員、統計工作的人都樂於使用。不僅如此，珠算還在提高人的思維能力，增強腦力方面具有特殊功能。

# 「秦王破陣」與「霓裳羽衣」

／姚偶冰

唐代文化是絢麗輝煌的。唐代藝苑中的樂舞也在歷史上享有盛名。初唐樂舞有一部典型作品叫作《秦王破陣》。這個名稱聽來不免粗糙，然而它包含的內容是有聲有色的。

唐朝建立之始，關中初定，四面是群雄割據的形勢。當時封為秦王的李世民東征西討，統一的局面才逐漸形成。征討的勁敵之一是據有河東諸州（今山西地方）的劉武周。唐武德二年（西元六一九年）冬，李世民率兵從龍門踏堅冰渡黃河，與劉武周軍幾次交鋒，第二年夏取得全勝。史籍記載：「破劉武周，軍中相與作《秦王破陣》樂曲。」（《新唐書．禮樂志》）六年以後，李世民即皇帝位，是為唐太宗。這位完成了統一大業的皇帝把軍中祝捷頌功的《秦王破陣》樂帶進宮廷，「宴會必奏之，謂侍臣曰：『雖發揚蹈厲，異乎文容，然功業由之，被於樂章，示不忘本也。』」（同上書）進一步，他親自設計了一個象徵戰陣的《破陣舞圖》，命令深諳音律的呂才

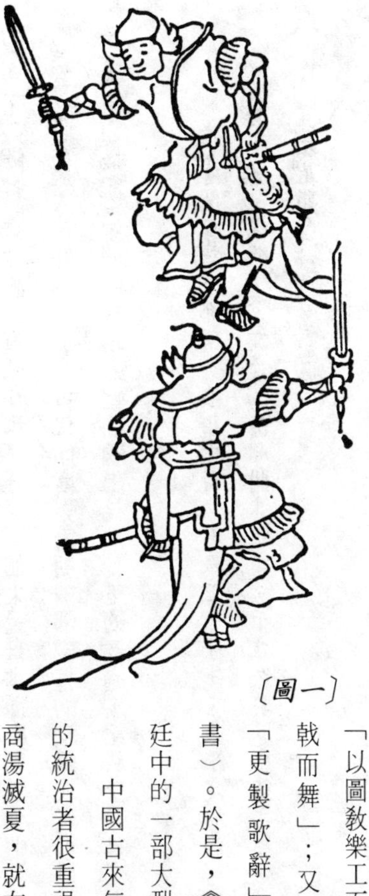

〔圖一〕

「以圖教樂工百二十八人，被銀甲執戟而舞」；又命令魏徵等一班文臣「更製歌辭」，配入樂舞（同上書）。於是，《秦王破陣》成為長安宮廷中的一部大型樂舞。

中國古來每當改朝換代之際，新的統治者很重視「功成作樂」。據說商湯滅夏，就有伊尹作《大濩》，歌頌開國的勳績。西周周公旦的「制禮作樂」更有深遠的影響，當時一部名為《大武》的樂舞就是頌揚武王伐紂的功業的。唐高祖和唐太宗比較地不重形式，唐初幾年，「作樂之制尤簡」，只是將隋代禮樂略加改定而用之。《秦王破陣》樂舞的完成，無疑包含「功成作樂」的意義。而作為大唐王朝的一部主要宮廷樂舞，《秦王破陣》自有它的特色。

回顧隋唐以前的三百多年，自三國、兩晉而南北朝，歷史的長流彷彿出現一個巨大的漩渦：政權分裂，戰亂頻仍；出現了空前的民族大融合，各民族的文化彼此滲透、交流著。就音樂舞蹈而言，西域各國以及朝鮮、印度等國的樂舞紛紛傳入中原，尤其是龜茲（今新疆庫車一帶）樂舞，歡快明朗的旋律，在中原地區不脛而走。唐朝統一中國，「歌舞雜有四方之樂」（同上書）的形勢早已形成。唐代文化攝取各種營養來充實自己。《秦王破陣》正是在漢族傳統的「清商樂」

的基礎上，吸收了龜茲樂的成分，顯示了時代的特色。

為了表現「功業由之」的歷史主題，《秦王破陣》採用了威武雄壯的武舞手段。「擂大鼓，雜以龜茲之樂，聲振百里，動蕩山谷」（《舊唐書．音樂志》）；合著鼓樂頌歌，一百二十八人「被銀甲執戟而舞，凡三變，每變為四陣，象擊刺往來」（《新唐書．禮樂志》）。這裏應該有商周《大濩》、《大武》的遺風，但更重要的是反映了唐朝初期生氣勃勃的精神，反映了中國封建社會發展頂峰的時代精神。

這部樂舞在唐太宗宮廷演出的時候，「觀者見其抑揚蹈厲，莫不扼腕踴躍，凜然震悚」（《舊唐書．音樂志》）。隨著唐朝國勢的隆盛，它東傳至日本，西聞於印度。在日本，《秦王破陣》樂舞曾經風行一時；而且，像其他某些中國古文化標本在日本得到保存一樣，日本奈艮朝傳寫的《秦王破陣》琵琶曲譜一直保存到了今天。如果說日本從唐朝吸收中國文化曾經構成歷史上感人的篇章，是盡人皆知的，那麼古代印度對唐朝一部樂舞的瞭解或者可以說更是引人入勝的。玄奘在《大唐西域記》中回顧在羯若鞠闍國謁見戒日王的經過，記載了戒日王一番情意友善的話：

嘗聞摩訶至那國（按指中國）有秦王天子，……平定海內，風教遐被，……氓庶荷其亭育，咸歌《秦王破陣》樂。聞其雅頌，于茲久矣。盛德之譽，誠有之乎？大唐國者，豈此是耶？

但是歷史常常有發人深思的變化。按照唐太宗的本意，《秦王破陣》之「被於樂章」，是為了「示不忘本也」。然而唐太宗的子孫對這部樂舞的熱情是很有限的。太宗的「貞觀之治」剛剛過去，高宗李治即位的第二年，準備「親祀南郊」的時候，就下令：「《破陣》樂舞者，情不忍觀，所司更不宜設。」這道禁令維持了近三十年，經過大臣諍諫，高宗才「復令奏之」（《新唐書．禮樂志》）。但無可否認的事實是熱情已經消退，在以後的時間裏，這部樂舞或者徒具形式，在典禮中冷冰冰地略事敷衍；或者如在唐玄宗時期那樣，有時由幾百名宮女作化裝表演，有時又成為四個人的「小破陣樂」，完全喪失了原來

〔圖二〕

的性質。

樂舞還在發展，只是特色在改變。舊的典型疏遠了，新的典型應運而生了。一部新的典型樂舞叫作《霓裳羽衣》。

詩歌和傳奇小說曾經著力描寫《霓裳羽衣》，把這部樂舞的聲色之美同唐玄宗李隆基、貴妃楊玉環的戀情故事揉合在一起。白居易的名篇《長恨歌》先後兩處寫到《霓裳羽衣》，兩處都是為了點染楊妃的姿色和風韻；「盡日君王看不足」的是楊妃的舞姿，也就是舞中的楊妃；在「虛無縹緲間」尋到的楊妃的靈魂也是舞袖飄舉的。陳鴻的《長恨歌傳》作為白詩的傳文，還有意添了一筆：「進見之日，奏《霓裳羽衣》曲以導之。」——讓楊妃踏著舞曲的節拍登上得寵的台階。而鋪陳最不吝筆墨的當推宋人樂史的《楊太真外傳》，其中特別刻劃了楊妃於《霓裳羽衣》舞的擅長：

——唐玄宗宴諸王於木蘭殿，「時木蘭花發，……妃醉中舞《霓裳羽衣》一曲，天顏大悅，方知回雪流風，可以回天轉地。

——唐玄宗在百花院便殿同楊妃調笑，從《漢成帝內傳》寫到的趙飛燕「身輕欲不勝風」，問到「微有肌也」的楊妃：「爾則任吹多少？」楊妃頓時作嗔：「《霓裳羽衣》一曲，可掩前古！」

「可掩前古」，傳奇小說裏這位貴妃的這句性格化的語言，倒並不是不著邊際的。事實上，唐代是宮廷樂舞發展的高峰；就藝術形式上的成就而言，《霓裳羽衣》又堪稱盛唐樂舞的絕頂。白居易是筆端常常諷喻的，但他對這部樂舞的讚賞達到了無以復加的地步。「千歌萬舞不可數，就中最愛霓裳舞。」他在《霓裳羽衣歌和微之》一詩中回憶元和年間在唐憲宗宮廷裏看到的這部樂舞，下筆就作了如此動情的評價。就是這首詩，將《霓裳羽衣》的服飾、音樂和舞蹈一一描述，為後代留下了一份記錄：舞伎身著「虹裳」、「霞帔」，頭戴「步搖」，盛飾鈿瓔玉珮。樂隊磬簫箏笛次第發聲，奏過「散序」六遍，至「中序」方入舞拍。此時舞伎飄然起舞，「小垂手後柳無力，斜曳裙時雲欲生。」漸而風袖低昂，如仙子凌虛招引。「曲破」（高潮）時「繁音急節十二遍，跳珠撼玉何鏗錚」。最後聽得長引一聲，樂舞結束。憲宗元和年間的這番表演，自然是繼承了玄宗天寶年間的表演的；當初楊妃起舞時霓虹般的華彩、翩躚的身影，那種在驪宮宛似在仙境、既虛無縹緲又迷人傳情的景象，是可以想見的。

《霓裳羽衣》在宮廷裏誕生，但是不像《秦王破陣》局限在宮廷和廟堂，它征服了廣大士大夫階層。李肇的筆記《唐國史補》寫到一則關於王維的故事：「人有畫奏樂圖，維孰視而笑。或問其故，維曰：『此是《霓裳羽衣》曲第三迭第一拍。』好事者集樂工驗之，一無差謬。」這裏誇的是王維的精細，讚的是畫工的準確，但是也道出了《霓裳羽衣》的影響之廣泛，雖然涉及的只是樂曲而還不是樂舞。

《霓裳羽衣》的藝術上的美妙處是從人間向著天上昇華的，於是連它的來歷也被神化了。有一說是唐玄宗登三鄉驛望女幾山而有靈感，因而寫出了樂曲，所謂「三鄉驛上望仙山，歸作《霓裳羽衣》曲」（劉禹錫《伏睹玄宗皇帝望女幾山詩，小臣斐然有感》）。又一說是唐玄宗遊月宮見仙女歌舞，「且諭伶官，象其聲調，作《霓裳羽衣》曲」（盧氏《逸史》）。這些離奇的神話固然不值得認真考究。真正的來歷是並不玄虛的。《新唐書．禮樂志》說到：「河西節度使楊敬忠獻《霓裳羽衣》曲十二遍。凡曲終必遽，唯《霓裳羽衣》曲將畢引聲益緩。」《資治通鑑．唐紀》記述相同，並且指出：「俚俗相傳，以為帝遊月宮，見素娥數百舞於廣庭，帝紀其曲，歸製《霓裳羽衣》舞，非也。」南宋王灼在《碧雞漫志》一書中也以十分肯定的語氣說：「《霓裳羽衣》曲，說者多異，予斷之曰：西涼創，明皇潤色，又為易美名；其他飾以神怪者，皆不足信。」聯繫從初唐到盛唐政治、文化的發展，我們可以比前人看得更清楚，《霓裳羽衣》的產生不是偶然的。

兩晉、南北朝時期開始的西域樂舞向中原傳播的勢頭，進入唐代以後繼續增長。大約在開元、天寶年間，西域樂舞在長安以至整個中原地區簡直壓倒了傳統的音樂舞蹈。元稹《法曲》詩描寫當時的潮流是：「女為胡婦學胡妝，伎進胡音務胡樂。」「胡音胡騎與胡妝，五十年來競紛泊。」王建《涼州行》也說：「城頭山雞鳴角角，洛陽家家學胡樂。」西域樂舞本不乏矯健雄勁、跳躍鼓舞的品類，但是唐朝皇帝和士大夫們現在很少去想艱苦創業，他們寧願選擇足供陶醉的娛樂手段，而來自西域的胡騰、胡旋、柘枝等女伎歌舞正適合他們的口味。「揚眉動目踏花毡，紅汗交流珠帽偏，醉卻東傾又西倒，雙靴柔弱滿燈前」（李端《胡騰兒》）。「鼓催殘拍腰身軟，汗透羅衣雨點花」（劉禹錫《和樂天柘枝》）。「急破催搖曳，羅衫半脫肩」（薛能《柘枝詞》）。「差重錦之華衣，俟終歌而薄袒」（沈亞之《柘枝舞賦》）。……諸如此類的嫵媚、纏綿以至狂歡、放蕩的樂舞紛然雜陳。既然唐高宗早已對《秦王破陣》表示「情不忍觀」，盛唐統治階級就更有理由把禮樂之教拋到九霄雲外了。

這裏，歷史還特別顯著地打上了個人性格的印記。第一個坐在盛唐皇帝寶座上的唐玄宗，即唐明皇，是個半截「明皇」、半截昏君的統治者。他曾經在「開元之治」中有所作為，但是不久就在政事和生活中把驕奢淫逸四字發揮得淋漓盡致。他倒是不輸文采和風騷，「既知音律，又酷愛法曲」（《新唐書．禮樂志》）。他在宮中闢「梨園」兩處，選入宮廷歌舞藝伎幾百人，稱之為「皇帝梨園弟子」，由他親自教練，「聲有誤者，帝必覺而正之」（同上書）。他宮中的「勤政樓」並不以勤政著稱，卻以遊樂馳名，倘有宴集，他就率領臣僚在那裏觀賞歌舞百戲，作終日之樂。他把自己的生日定為「千秋節」，每年這一天，勤政樓前更是「君臣共為荒樂」（同上書），以致「人物填咽，金吾衛士不能止」（鄭處晦《開天傳信記》）。他對西域樂舞的欣賞是無保留的。他本人善擊西域傳入的羯鼓，稱羯鼓為「八音之領袖」。他的寵妃楊玉環以及一度是他的寵臣、後來向他造反的安祿山都是胡旋舞的能手，「中有太真外祿山，二人最道能胡旋」（白居易《胡旋女》），無疑這是投其所好的。由於他以皇帝身份倡導歌舞而諸多創設，他在歌舞戲曲史上贏得了聲譽，「梨園」成了後世戲班的雅稱，他竟然成了戲班禮拜的護法神式的祖師爺。不過總應該說，盛唐時期宮廷樂舞的繁盛和佳作的誕生，的確是領受了這位藝術護法神的恩惠的。

唐玄宗的這種浪漫色彩的性格，還有一點補充，宗教迷信的補充。當時儒、釋、道三派勢力進行著反覆的較量。在不同情況下利用不同的一派或兩派來鞏固自己的統治，幾乎成了唐朝皇帝的國策。儒家畢竟還不等於宗教；而在佛（釋）、道之中，統治者倚重或偏袒任何一方，固然總是出於政治利益的考慮，同時也總是因為墮入迷信的羅網。唐玄宗的政策是興道教、抑佛教；他自己也真是道教的信徒，道教虛構的神仙世界使他不勝神往之至。迷信還需要同現實的享樂調和起來，——美妙的樂舞不能塑造仙女的形象麼？於是，我們看到，《霓裳羽衣》的產生是合情合理的；甚至上面提到的關於這部樂舞創作的離奇解釋也是可以理解的。

《秦王破陣》與《霓裳羽衣》，唐代樂舞中相隔一百二十年的兩座里程碑，聯結著一條歷史的風景線，映照著唐代前期文化和政治的山光水色。令人遺憾的是，經過唐代中、後期的社會動盪，不僅《秦王破陣》，就連《霓裳羽衣》也匆匆失傳了。十世紀中葉的南唐後主李煜在他的小朝廷裏搜求到的只是一份《霓裳羽衣》的樂曲殘譜。至於舞蹈，後人更無緣見識，留到今天的至多只是一些考證的線索而已。

# 中國國歌小史

／費成康

國歌是代表一個國家的歌曲。我國古代的歷代王朝從來沒有國歌。十九世紀後期，因受西方國家的影響，清朝的一些官吏開始提出要譜寫國歌。約在八十年代，出使英、法、俄國大臣曾紀澤譜寫了名叫《普天樂》的歌曲，並將它作為「國樂」的草案上呈朝廷。這一草案沒有得到朝廷的批准，但在海外已被當作國歌來演奏。不過，這首歌的節奏過於緩慢，常常受到中外人士的批評，因此在西元一九〇六年陸軍部成立，清政府制訂了一章軍歌後，清朝官員們就用這首軍歌權代國歌。

用軍樂代替「國樂」，畢竟有失體統，這樣，到宣統三年即西元一九一一年，蹣跚的清政府終於制定了中國歷史上的第一首國歌。這首清帝國的國歌由溥桐、嚴復等編製，歌名為《鞏金甌》，歌詞為：「鞏金甌，承天幬，民物欣鳧藻，喜同袍，清時幸遭。真熙皞，帝國蒼穹保。天高高，海滔滔。」這首歌竭力為腐朽不堪的清王朝歌功頌德、粉飾太平，並還祈禱瀕臨崩潰的清帝國能金甌永保，可謂充斥著封建毒液。然而，沒等它在全國傳播，辛亥革命已經爆發了。

西元一九一二年初，以孫中山為首的中華民國臨時政府在南京成立後，蔡元培任部長的教育部立即為剛創立的共和國徵集國歌。同年二月，臨時政府的公報上刊出了由沈恩孚作詞、沈彭年譜曲的國歌擬稿。它的歌詞為：「亞東開化中華早，揖美追歐，舊邦新造。飄揚五色旗，民國榮光，錦繡河山普照。我同胞，鼓舞文明，世界和平永保。」這首歌曲雖然不很成熟，但反映了中國人民對新生的民主共和國的熱愛和對未來和平生活的嚮往。

可是，反動勢力的代表袁世凱隨即篡奪了辛亥革命的果實。他瘋狂鎮壓革命黨人，妄圖復辟封建帝制，自然不會採用這樣的國歌擬稿。西元一九一五年五月，袁世凱政府的政事堂禮制館把《中國雄立宇宙間》定為國歌。其歌詞為：「中國雄立宇宙間，廓八埏。華冑從來崑崙巔，江湖浩蕩山綿連，勳華揖讓開堯天，億萬年。」詞中儼然把國賊袁世凱比作上古的聖帝堯，而且還祝願袁氏的腐朽統治維持「億萬年」，所以，當時的有識之士都認為這首歌的字裏行間散發著袁世凱帝制自為的臭氣，紛紛以拒唱來進行抵制。隨著袁氏皇帝夢的破滅，這首「洪憲」國歌，也就消聲匿跡了。

三年後，在西元一九一九年十一月，為了制訂新的國歌，北洋政府教育部成立了國歌研究會。據說，根據章太炎的建議，該會決定將相傳是上古時代舜所作的《卿雲歌》配上樂曲作為國歌。經蕭友梅譜曲，新國歌於西元一九二一年一月由北洋政府的國務院公布通行。《卿雲歌》總共只有四句、十六字：「卿雲爛兮，糺（同糾）縵縵兮，日月光華，旦復旦兮。」這首其實不知是誰所作的古詩，詞意十分深奧，普通羣眾很難理解，而且又缺乏時代氣息，不足以激勵國民的感情，促進民族意識的發達，因此，要求修訂國歌的呼聲十分強烈。

在國民黨統治時期，國民黨政府以國民黨黨歌為國歌。這首歌以西元一九二四年六月十六日孫中山在黃埔軍校開學典禮上的訓詞為歌詞，樂曲由程懋筠配製，於西元一九二九年作為國民黨黨歌頒行全國。西元一九三〇年，國民黨政府議決在國歌未制定以前，可以以它代用；西元一九三六年，以它暫代國歌；西元一九四三年，作為正式國歌。

西元一九四九年九月二十七日，在中華人民共和國開國前夕，中國人民政治協商會議第一屆全體會議議決：在中華人民共和國國歌未正式制定前，以田漢作詞、聶耳作曲的《義勇軍進行曲》為國歌。《義勇軍進行曲》是抗日戰爭以來在中國最流行的歌曲。

西元一九八二年，經第五屆全國人民代表大會第五次會議通過，將《義勇軍進行曲》定為中華人民共和國的正式國歌。

# 南宋臨安的「大世界」

## ——瓦子

／張學舒

提起上海的「大世界」遊樂場，幾乎盡人皆知。但你可知道，早在我國宋朝就有類似舊中國上海「大世界」這樣的遊樂場，人們稱它為「瓦子」。

瓦子，又稱瓦舍、瓦市或瓦肆，是一種大型固定遊藝場所。據南宋末年吳自牧《夢粱錄》記錄：「瓦舍者，謂其『來時瓦舍，去時瓦解』之義，易聚易散也。」瓦舍，原在北宋盛行，汴京城內共有五十多座。靖康之變後，康王趙構建都臨安（現在的杭州），當時駐軍較多，大多為南渡的北方人，有官員在城內外創立瓦舍，招集妓藝，以為軍卒暇日娛樂，瓦舍便在臨安興盛起來。城內瓦舍隸屬於修內司管理，城外瓦舍隸屬於殿前司，現有案可稽的有二十四座瓦舍，像眾安橋的北瓦、米市橋下的米市橋瓦、候潮門外的候潮門瓦、艮山門外的艮山門瓦、城東的菜市瓦、城西郊後軍寨前的赤山瓦等。其中以眾安橋的北瓦最大，有勾欄十三座。所謂勾欄，就是用有圖紋裝飾的欄杆圍成表演伎藝的場地。北瓦中表演項目很多，有兩座勾欄專門講史，其餘還有說經、小說、相撲、喬相撲、杖頭傀儡、懸絲傀儡、水傀儡、影戲、雜劇、雜班、嘌唱、唱賺、說唱諸宮調、舞蕃樂、使棒、打硬、踢弄、散耍、裝秀才、談諢話、學鄉談、背商謎、教飛禽、裝神鬼，使人目不暇接。據記載，十三座勾欄終日不閒，圍得水泄不通。瓦舍內各處都有雜貨零賣及酒食之處，「內有起店數家，大店每日使豬十口，只不用頭蹄血臟」，其中一家大酒店，餐具都用銀器，可略見瓦舍盛貌。至今在杭州還有瓦子巷，就是那時留下的老地名。

從《都城紀勝》、《西湖老人繁勝錄》、《夢粱錄》、《武林舊事》諸書看，當時瓦舍上演的伎藝可達百種，尤以說話、傀儡、雜技、雜劇、影戲為盛。說話底本叫「話本」，說話分小說、說鐵騎兒、說經、講史書四家，其中小說又分烟粉、靈怪、傳奇、公案等，多取材於市民生活，情節較短。由於南宋面臨金人侵略，講史和宣揚愛國主義極受歡迎，講史內容多是前代興廢爭戰故事，情節較長，一般分成幾節，每節終了也有「且聽下回分解」之類。說話人出身各種各樣，有落魄文人、和尚、尼姑、小販等。他們還組織書會叫「雄辯社」，切磋技藝。此外，各類同行藝人也都組織專門的社，像演雜劇的緋綠社、蹴毬的齊雲社、相撲的角觝社、使棒的英略社、影戲的繪革社、吟叫的律華社等。

南宋臨安的瓦子反映了當時的都市社會生活和市民娛樂喜好，在工商業繁盛的情況下，各類瓦舍技藝應運而生，體現了南宋封建社會經濟和文化的高度發達。瓦子盛行的另一原因與南宋統治者不圖振復、提倡享樂有關。吳自牧說，瓦子為「士庶放蕩不羈之所，亦為子弟流連破壞之門」。南宋小朝廷不認真汲取北宋滅亡的教訓，「直把杭州作汴京」，危機暗伏，何以談得上收復故土。

# 說「旦」

／周篤文

為什麼戲曲中稱女角為「旦」？它的衍變經過如何？

我國戲曲成熟於元代。雜劇中已有旦角的名目。竇娥就是由正旦飾演的。祝允明因而斷定：「生淨旦末等名……本金元闤闠（街巷）談唾」（《猥談》）。可是北宋僧人文瑩所著的《玉壺野史》中卻提到：（韓熙載）「畜聲樂四十餘人，閫檢無制，往往時出外齋，與賓客生旦雜處」（《守山閣叢書》本）。韓為南唐大吏，較元代要早出三百來年。不僅如此，西漢桓寬的《鹽鐵論》裏，就提到「今民間……奇蟲胡妲，戲倡舞像」，方以智在《通雅》中釋為：「胡妲，即漢飾女伎，今之裝旦也」。可見在兩千年前的西漢時代，已把飾演女角的演員叫做「胡妲」了，儘管當時還沒有完整形態的戲劇。

胡妲，在「妲」字之前冠一「胡」字，為我們點明了它的淵源所自。原來，我們歷史上，習慣地把來自西域（今新疆一帶）的各種事物冠以「胡」字。比如胡笳、胡琴、胡桃、胡騰、胡旋舞之類，舉不勝舉。「奇蟲」，當即是《史記．大宛列傳》所稱：「出奇戲諸怪物」之類。直到唐朝，這種演出活動仍盛行於西涼（今甘肅武威）一帶。胡妲的「妲」字，其確切含義是什麼呢？任半塘先生在《唐戲弄》裏曾予指出：「可能乃用一漢字足以表示女性者，以錄胡語之音。」說得完全正確。由於是音譯，原不必嚴限一字。所以又寫作「䵣」（見於唐人敦煌寫本）、「笪」（見於宋人《樂府混成集》）和「旦」。當然，如果從語源學角度考察一下，「旦」（或「䵣」、「笪」）在胡語中的本義是什麼，更會有助於我們對這個問題的瞭解。關於這一點，《燕樂考原》講得最清楚：

> 又有五旦之名，旦作七調。以華言譯之，旦者則謂韻也。其聲亦應黃鐘、太蔟、林鐘、南呂、姑洗。

可見五旦就是五音，與宮商角徵羽相當，本是西域兄弟民族的音樂術語。漢代以來，伴隨著西域藝術的傳入內地，被當作了表演歌舞的女性的代稱。這就是胡妲得名的由來。胡妲與胡旋的區別，在於「妲」主歌而「旋」主舞。《唐書．禮樂志》稱：「胡旋舞者，立毬上旋轉如風。」可見這個「旋」字，正是對其舞蹈特點的概括。二者之間，還是有區別的。流傳日久，隨著戲曲的興起，「旦」這一詞就很自然地衍變成為唱工很重的女角的代稱。這就是「旦角」一詞語源學上的根據了。我國燦爛的歷史文化，凝聚著各兄弟民族的創造性成果。上面所說，也可算是一個小小的、生動的例證了。

# 唐代的馬毬戲

／呂藝

馬毬是唐代非常盛行的一種體育遊戲。在歐亞一些民族語言中，稱為「波羅」（POLO）」。有的學者根據外語音譯，認為它起源於波斯（今伊朗）。但是據陰法魯先生的考證，「波羅」一詞起源於藏語，後為歐亞許多民族語言所借用，所以最早的馬毬大概發源於我國西藏地區（唐代稱為「西蕃」、「吐蕃」）；至少，唐代的馬毬是從西藏直接傳入的（見《歷史研究》西元一九五九年六期《唐代西藏馬毬戲傳入長安》）。不過，在我國的漢語文獻中，則不用「波羅毬」來稱呼馬毬。

關於馬毬，唐以前的文獻中不見記載。唐人封演《封氏聞見記》卷六說：唐太宗李世民時，「聞西蕃人好為打毬」，便令人去學。可見馬毬戲傳入中原地區，大約始於唐初。此後，由於各朝皇帝的喜好和提倡，馬毬便在唐代盛行起來，延續相傳至宋、金、元、明，明末清初趨於衰亡，現在只在內蒙古等少數民族地區，尚有流傳。

馬毬所用的器械及其規制，唐代詩人及新、舊《唐書》的記載都比較零散，我們再綜合《宋史．禮志》、《金史．禮志》及後人筆記中的資料，大致可以知道：馬毬是騎在馬上用毬杖擊毬的遊戲，所以又稱為「打毬」、「擊毬」、「擊鞠」等。所用的毬，「狀小如拳」，用質輕而又堅韌的木材製成，中間掏空，外面塗上紅色或其他各色，有的還加雕飾。所以詩文中常美稱「珠毬」、「畫毬」、「七寶毬」、「彩毬」等。毬杖長數尺，「其端如偃月」，用來擊球，形狀有點像今天的冰毬桿兒，往往還要雕上精美的紋彩，詩文中常用「月杖」、「畫杖」等詞彙來形容。打馬毬的場地，貴在堅實平滑。唐閻寬在《溫湯御毬賦》中形容：「廣場惟新，掃除克淨，平望若砥，下看猶鏡。」所以唐代皇親國戚、達官貴人、藩鎮守將往往闢有專門的毬場，為了使之平滑，唐中宗時，駙馬武宗訓、楊慎交甚至「灑油以築毬場」（《通鑑》卷二百九）。毬場上設置毬門。據《金史》卷三五《禮志》，毬門有兩種設置方法，一是「先於毬場南立雙桓，置板，下開一孔為門，而加網為囊，能奪得鞠擊入網囊者為勝。或曰，兩端對立二門，互相排擊，各以出門為勝」。能首先將毬擊入網或擊出門的，叫作「頭籌」，看得籌的多少決定勝負。出場打毬的人，分成兩隊，叫作「兩朋」（「朋」又作「棚」字），服色不一樣，以志區別。騎的馬，尾巴都紮成結，大概是為了防止纏繞毬杖。兩隊「共爭擊一毬」，「球毬忽擲，月仗爭擊，並驅分鑣，交臂疊迹（《溫湯御毬賦》），馬馳則「風回電激」（《封氏聞見記》卷六），毬飛則如「星從月下流中場」（唐張建封《酬韓校書愈打球歌》），「哮噉則破山蕩谷，踴躍則跳巒簸丘」（《溫湯御毬賦》），有時還奏唐十部樂中的《龜茲樂》，擊鼓助興，氣氛相當緊張而熱烈。平日嬉戲，也有在寬敞的街道、平坦的場地上打毬的，不難想像，這些人大概是因為財力的微薄，不足以自築毬場。

過去，有關唐代馬毬的情況，根據的都是文獻資料。西元一九七一年，我國考古工作者發掘了唐章懷太子李賢的墓葬。李賢字明元，是唐高宗李治的第六子，武則天所生，他曾招集一幫文人學士，注釋過《後漢書》。在他的墓中，有五十多組壁畫，其中一幅《馬毬圖》，是我國目前發現的有關唐代馬毬的最早形象資料（原圖見《文物》西元一九七二年二期）。

此圖共有二十多名騎手。打毬的人都是左手執韁，右手持偃月形毬杖，穿深淺兩色的窄袖袍，馬都結尾。最前面一人作回身反手擊毬狀，這大概是唐代著名的「背身毬」擊法，另一人側身回首看毬，後面的兩人正驅馬向前搶毬。其餘的人或行或止，大多在觀望。這些，與文獻資料正可互相印證。不過，圖上的毬場，沒有毬門。這或許是因為畫家沒有表現出來；或許描繪的並不是在正式毬場上擊毬的情景，本來就沒有毬門；當然，也有可能唐代初年的馬毬，本不用門，現在尚不能確考。

馬毬戲要求打毬者必須具備嫻熟的騎術和馬上靈活地運用器械應付各種情況的技能，所以「本軍中戲」，具有一定的習武意義。唐閻寬就說，馬毬「善用兵之技也，武由是存，義不可捨」（《溫湯御毬賦》）。所以《宋史》「打球」目歸在「兵禮」之下。但是唐代君臣，實際上只把它當作一種娛情樂志的遊戲，上行下效，玩樂無度。李賢墓壁畫，專門繪上一幅打毬圖，可見他生前一定酷愛此戲。唐朝皇帝中，不愛打毬的幾乎沒有。據說玄宗的毬技極高，當臨淄王時，曾與吐蕃使者贊咄部下「善毬者」比試，「東西馳突，風回電激，所向無前」（《封氏聞見記》卷六）。此外達官貴人、藩鎮守將、豪俠少年自然不必說，就連文人學士、宮女妓妾，也有習此技的。唐代進士及第，例有曲江宴、慈恩寺題名等盛舉，月燈閣打毬也是其一。《唐摭言》卷三載乾符四年（西元八七七年）新進士在月燈閣與「兩軍打毬將」比試，劉覃「馳驟擊拂，風馳電逝」，軍將「數輩慚怛，僶俛而去」；關於婦女打毬，唐王建《又送裴相公上太原詩》說：「十對紅妝伎打毬」，後蜀花蕊夫人《宮詞》說：「自教宮娥學打毬，玉鞍初跨柳腰柔。」不過女子打毬，以騎驢步打為主，王建《宮詞》，就有「寒食宮人步打毬」的詩句。因為騎驢或步打，動作緩慢，不易磕碰致傷，男子也有騎驢打毬的，這是馬毬的變體。從地域上說，馬毬不僅在唐代東、西兩京盛行，各郡邑道府、藩鎮駐地，也大多盛行。敦煌發現的《張淮深變文》，曾幾次提及「毬場」、「毬樂宴賞」。連地處西僻的敦煌也盛行馬毬，唐代馬毬流布之廣，於此可見一斑。馬毬在唐代如此盛行，特別是皇帝、將相嗜好成癖，這就不能不對政治生活產生一定影響。據史籍記載，穆宗暴死，敬宗、昭宗遇弒，都與馬毬有一定關係；藩鎮將領之間，因為擊毬構怨，兵戈相見的也時而有之。皇帝甚至以毬技擢拔將領，如周寶，「官不進，自請以毬見，武宗稱其能，擢金吾將軍。」（《新唐書》卷一八六）可以說，中晚唐政治的腐敗，由此一定程度地體現了出來。

最後需要說明一下，中國古代有一種傳統的「蹴鞠」（又稱「蹋鞠」）之戲，據說是黃帝所作，起於戰國時。西漢劉向《別錄》說：「蹋鞠，兵勢所以練武事，知有材也。」（《史記》卷一一一《索隱》引）所以《漢書．藝文志》有「蹴鞠二十五篇」，列入「兵家」。唐宋以來，一些人認為

「蹴鞠」與「擊鞠」是一回事，所以《文獻通考》、《古今圖書集成》中有關馬毬的資料都收在「蹴鞠」目下。但蹴鞠用的毬，「以皮為之，中實以毛」，遊戲方式是步行足踢，而且，它與馬毬的起源地點、產生時間也完全不同，是絕然不能混為一談的。

# 清代的《冰嬉圖》

／傅進學

清代乾隆年間宮廷畫家張為邦、姚文翰所繪的《冰嬉圖》和較早些金昆等人繪製的《冰嬉圖》（現藏故宮博物院），如實地反映了當時在中海金鰲玉蝀橋南宮廷冰上表演的盛況。當時流行的冰上活動項目很多，統稱為冰嬉。據記載：「太液池冬月表演冰嬉，習勞行賞，以閱武事，而修國俗。」太液池就是現在北京的北海和中南海。當時皇家每年冬天都要從各地挑選上千名「善走冰」的能手入宮訓練，於冬至到「三九」在太液池上表演，供皇帝后妃大臣們校閱觀賞。每逢這時，北海四周搭起彩棚，插彩旗，懸彩燈，皇帝和后妃、王公、大臣都來觀賞。今北海漪瀾堂就是當年乾隆皇帝、以及後來的慈禧太后等觀賞溜冰的地方。

參加表演的人數，當時每次為一千六百名，代表滿清八個旗（每旗兩百人）。檢閱時分為兩隊：一隊領隊穿紅馬褂，隊員穿紅背心；另一隊領隊穿黃馬褂，隊員穿黃背心。隊員背上分別按旗籍插著正黃、正白、鑲黃、鑲白等小旗，膝部裹皮護膝，腳穿裝有冰刀的皮靴。冰場上各立三座插有彩旗的高大的門，兩隊隊員各自列成一路縱隊，分別從門中穿過，在晶瑩的冰場上形成兩個雲卷形的大圈，場面蔚為大觀。從《冰嬉圖》中，可以看到每人溜冰表演時還要做各種動作：有花樣滑冰動作、雜技動作，還有軍訓性質的溜冰射箭等項目，內容十分豐富。

關於我國的滑冰運動，早在《宋史》上就有皇帝「幸後苑，觀冰嬉」的記載，雖然當時滑冰的情況尚難考查，但從冰嬉能進入宮廷，受到皇帝的賞識來看，足見技巧已達到比較高的水平。冰上運動在東北的滿族中很早就流行，它既是娛樂活動，也是軍事操練。到了清朝，這些活動也帶到關內，並大為盛行，有「國俗」之稱。當時清政府把滑水、冰上足球和摔跤作為守衛京城部隊的軍事訓練項目。滑冰則作為每年冬天皇帝檢閱軍隊技藝的項目之一。俗稱「跑冰鞾（鞋）」。當時軍隊中有專門溜冰的兵種，叫「技勇冰鞾營」，溜冰的兵士叫「冰鞾」，教習溜冰技術的稱「冰鞾教習」，管理溜冰的機關叫「冰鞾處」。

當時所用的冰刀比較簡單，在木板下鑲鋼條或鋼片，綁在鞋下即成。後又發展分為單刀式和雙刀式，與現在所用的簡易冰刀相似。

隨著清朝的統治進入穩定時期，原來純屬軍事演習性質的溜冰，也逐漸演變為專供皇宮貴族娛樂的競技活動。到乾隆朝前後為最盛時期。這時既保留了軍事集體表演的大型規模，又側重於個人的技巧表演，所以當時溜冰表演規模之大、花樣方式之多、技巧水平之高，從《冰嬉圖》中都有所反映。

當時皇帝觀賞的溜冰項目，主要有三種：

**第一種是競賽快慢的速度滑冰**。乾隆年間出版的《帝京歲時紀勝》一書中記載：「冰上滑擦者所著之履，皆有鐵齒。流於冰上，如星馳電掣，爭先奪標取勝。」速滑的姿勢有扁彎子式、大彎子式、大外刃式、跑冰式等，其中許多姿勢都與現代的速滑姿勢近似。乾隆皇帝曾即興寫詩讚嘆：「迅似嚴飛電」、「擬議弦催箭」，還用「列子馭風」、「夸父追日」等典故來形容溜冰的高速度，並選拔滑得最快的分三等給予獎賞。

**第二種是雜技滑冰和現在所稱的花樣滑冰**。《冰嬉圖》中生動地描繪了花樣滑冰中命名為「大蝎子」、「金雞獨立」、「哪吒探海」、「鷂子翻身」、「仙猴獻桃」、「童子拜觀音」等各種各樣的姿勢，還有雙人花樣滑冰——「雙飛燕」的翩翩起舞的形象。雜技滑冰有飛叉、耍刀、弄幡、緣竿、使棒、冰上倒立、疊羅漢等名目。同時在圖中還可以看到軍事內容的溜冰射箭，真是多彩多姿，技藝非凡。古人云：「技之巧者，如蜻蜓點水，紫燕穿波，殊可觀也。」

**第三種是冰上蹋球表演**。據《帝京歲時紀勝》及其「補箋」中記述：「冰上蹵鞠，皇帝亦觀之，蓋尚武也。」鞠是球，蹵是踢，就是穿著冰鞋滑行踢球。比賽時雙方各數十人分位而立，各有統領，彩球拋起落下後，羣起紛爭，邊滑邊踢，互相追逐，力求得勝。

清代，除了有專為皇家表演的宮廷溜冰技巧隊之外，在民間也盛行溜冰活動。當時「什刹海、護城河冰上蹵鞠，則皆民人練習者。」可見人民羣眾已把溜冰運動作為一項有益的鍛煉。花樣滑冰由於在羣眾中廣泛開展，也有所發展提高，曾湧現一些民間的花樣滑冰好手。文獻記載中說：有一個叫齊士林的，十二歲就練習滑冰，能表演出名目繁多的花樣，如「猿猴抱桃」、「鷂子盤雲」、「鳳凰展翅」、「臥魚」、「朝天蹬」等姿勢。至於速度滑冰，則在羣眾中更為流行。

清代曾有一個詩人以《冰嬉》為題，作過如下描述：「朔風卷地河水凍，新冰一片如砥平。何人冒寒作冰嬉，錬鐵貫韋當行縢。鐵若劍脊冰若鏡，以履踏鐵摩鏡行，其直如矢矢遜疾，劍脊鏡面刮有聲。左足未往右足進，指前踵後相送迎；有時故意作敧側，凌虛取勢斜燕輕；飄然而行陡然止，操縱自我隨縱橫……」這簡直是一幅絕妙的滑冰寫意圖。詩裏還說人民羣眾「年年結隊嬉郊坰」，足見其普遍性和老百姓們喜愛滑冰的程度。

到了清朝末年，滑冰競技活動開始逐漸衰退，繼之而起的是西方傳入的近代滑冰和冰球，但當時能買得起冰刀冰鞋的僅限於少數有錢人家而已。解放後，我國的滑冰運動重煥青春，滑冰成為人民羣眾所喜愛的體育運動之一，並在普及之中技藝大為提高。北海、什剎海等處又成為人民羣眾開展「冰嬉」的場所。

# 中國古人的姓名字號

／楚莊

中國古人的姓名和現代一樣，是人們在社會交往中用來代表個人的符號。姓，就是某一羣人（氏族、家庭）共用的名；名，就是個人獨用的姓。

中國古史傳說中的人物的姓氏，如有熊氏、牛蟜氏、青雲氏等，今天看來可能都是氏族的名稱。上古時代氏族以自然物為氏族標誌①，因而這些名稱大都和生物和自然現象有關。這些氏族名稱以後就可能演化為姓（如熊、牛、雲等）。古代稱呼人還往往冠以地名（如傅說，「傅」是地名）、職業名（如巫咸，「巫」是從事占卜的人）、祖先的名號（如仲虺，是奚仲的後人）等，這類稱呼固定下來也就是「姓」。如魯、韓、宋等，是以地名為姓；東郭、西門、池、柳等，是以住地的方位、景物為姓；師、祝、史等，是以職業為姓；上官、司馬、司徒等是以官職為姓；公孫、王孫最早是指其先人是公或王；穆、莊等姓是用其先人的謚號。從春秋戰國時一些人的稱呼中我們還能看到姓氏形成的一些痕跡，如展禽因住地有柳又稱「柳下惠」，公輸班因是魯人又叫「魯班」，公孫鞅又因是衛國人稱「衛鞅」、因封為商君稱「商鞅」等。此外，在中華各民族交通往來過程中也出現了一些姓氏如呼延、慕容、尉遲等。

姓的形成有不同的歷史過程，同姓未必就是一個起源。如「賀」，有的是原姓「賀蘭」或「賀敦」簡化為「賀」，有的是原姓「慶」，因避皇帝諱而改姓「賀」。姓也因政治、地理、民族等等原因而變化。如五代時吳越的「劉」姓因避諱（「劉」與吳越王「錢鏐」的名同音）改姓「金」；明代「靖難」②之後，黃子澄的後人因避禍改姓「田」，北魏孝文帝為推行「漢化」而改「拓跋」姓為「元」姓。又如「漢代諸縣（今山東諸城）的「葛」姓遷到陽都（今山東沂水），為了和當地的葛姓區別就稱為「諸葛」，而齊地的「田」姓外遷，以外遷的次第改姓「第一」、「第二」……（如東漢名臣「第五倫」）。可見，姓就是一種符號，是可以因事因地因時而變換的，並不像封建宗法制的維護者所宣傳的那樣神祕和神聖。

名，是在社會上使用的個人的符號。夏商兩代留下來的一些人名如孔甲、盤庚、武丁等和干支相聯繫，可能和某種時辰有關。春秋時有些人名如「黑臀」、「黑肱」等應是以生理特徵命名的。鄭莊公名「寤（牾）生」，則是他母親難產的紀實。可見那時有些名字還是很樸素的。但那時有些人名所用的字也有特定的含意，這含意並因同時出現的「字」而更為清楚。「字」往往是「名」的解釋和補充，是和「名」相表裏的，所以又叫「表字」。屈原在《離騷》裏自述：「名余曰正則兮，字余曰靈均」；「正則」就是「平」，「靈均」就是「原」。他名「平」字「原」，「名」和「字」有意義上的聯繫。古人「名」和「字」的關係有意義相同的，如：東漢創制地動儀的張衡字平子、「擊鼓罵曹」的文學家禰衡字正平，他們名、字中的「衡」就是「平」；宋代詩人秦觀字少游、陸游字務觀，他們名、字中的「觀」和「游」也是同義。又如唐代書法家褚遂良字登善、宋代文學家曾鞏字子固，他們名、字中的「良」與「善」、「鞏」與「固」也都是同義。「名」和「字」有意義相輔的，如：東漢「舉案齊眉」的文學家梁鴻字伯鸞，「鴻」、「鸞」都是為人稱道的兩種飛禽；西晉文學家陸機字士衡，「機」、「衡」都是北斗中的兩顆星。唐代詩人白居易字樂天，因「樂天」故能「居易」；宋代作家晁補之字無咎（「咎」是過錯），因能「補」過才能「無咎」。「漁」（打魚）、「樵」（砍柴）常為侶，宋代史學家、《通志》的編者鄭樵字漁仲；「漁翁」又常戴「笠」，清代文學家李漁字笠翁。「名」和「字」有意義相反的，如：宋代理學家朱熹字元晦、元代書畫家趙孟頫字子昂、清代作家管同字異之，他們「名」、「字」中的「熹」與「晦」、「頫（俯）」與「昂」、「同」與「異」都是反義。古人的「名」、「字」往往取自古書古典，如：漢末「建安七子」之一徐幹字偉長，《孔叢子》有「非不偉其體幹也」句；曹操字孟德，《荀子》有「夫是之謂德操」句。三國趙雲字子龍，取自《周易》「雲從龍，風從虎」；唐代文學家陸羽（著有《茶經》，後世尊為「茶神」）字鴻漸，也是取自《周易》「鴻漸於陸，其羽可用為儀」。元末戲曲家高明（著有《琵琶記》）字則誠，取自《禮記》「誠則明矣」；明代軍事家于謙字廷益和清初文人錢謙益字受之，則都是用《尚書》中「謙受益」的典故。名和字之間意義上的聯繫有的明顯，有的隱晦。如明朝的唐寅字伯虎，「寅」、「虎」是干支生肖的關係，比較明顯；而清代曹寅字子清，「寅」、「清」卻取自《書經》裏「夙夜惟寅，直哉惟清」這句話，這就比較隱晦。有的人不只一個字，如前述唐寅字伯虎又字子畏，清代蒲松齡字留仙又字劍臣等。

古人的「名」、「字」還常用來表示在家族中的行輩。先秦時，常在名、姓前加伯（孟）、仲、叔、季表兄弟長幼，如伯夷、叔齊，伯是兄，叔是弟；孔丘字仲尼，「仲」就是老二；孟姜女就是姜姓的長女。漢代以後逐漸在「名」或「字」中用同樣的字或偏旁表同輩關係，如唐代抵抗安祿山的名將顏杲卿和他的弟弟顏曜卿、顏春卿共用「卿」字，和他們同輩的堂兄弟顏真卿（以書法傳世）也用「卿」字。宋代文學蘇軾、蘇轍兄弟共用偏旁「車」表同輩。明神宗的兒子朱常洛（明光宗）、朱常瀛、朱常洵等，第二字共用「常」，第三字共用「氵」旁；吊死在景山上的明崇禎帝朱由檢和他的哥哥朱由校（明熹宗）、堂兄弟朱由榔（南明永曆帝）、朱由崧（南明弘光帝）等第二字共用「由」，第三字共用「木」旁。在這種情況下，姓名中的第一字是和父、祖共用的族名，第二字和第三字的一半是和弟兄等共用的輩名，具體到個人身上就只有半個字了。

除了名、字，有些古人還有號。「號」是一種固定的別名，又稱別號。封建社會的中上層人物（特別是文人）往往以住地和志趣等為自己取號（包括齋名、室名等）。如唐代李白的青蓮居士、杜甫的少陵野老、宋代蘇軾的東坡居士、明代唐寅的六如居士、清代鄭燮的板橋、朱用純的柏廬等，都是後人熟知的；有些別號的使用率（如蘇東坡、鄭板橋、朱柏廬等）甚至超過本名。別號是使用者本人起的，不像姓名要受家族、行輩的限制，因而可以更自由地抒發或標榜使用者的某種情操。別號中常見的「居士」、「山人」之類就是為了表示使用者鄙視利祿的志趣。宋代歐陽修晚年號「六一居士」，就是以一萬卷書、一千卷古金石文、一張琴、一局棋、一壺酒加上他本人一老翁，共六個「一」取號。南宋愛國詩人陸游憂世憤俗，被權貴們譏為不守禮法，他就自號「放翁」，表示對他們的蔑視。南宋畫家鄭思肖在宋亡後自號「所南」（表示心向南方，和文天祥詩「臣心一片磁針石，不指南方誓不休」是同樣的意思）、「木穴國人」（木穴合寫為「宋」，表示不忘故國）。明末畫家朱耷在明亡後取號「八大山人」（「八大」連寫似「哭」非哭，似「笑」非笑，寓「哭笑不得」意），來抒發自己懷念故國的悲憤之情。當然，更多的官僚縉紳和封建文人所取的各種動聽的別號只不過是附庸風雅、沽名釣譽的幌子。

另外還有「綽號」，這大都是他人所取而得到公認的別號，是對人的刻畫和形容。春秋百里奚淪落楚國，被秦穆公用五張羖（音古，指黑公羊）皮贖回相秦，人稱「五羖大夫」，可算是古代的綽號。唐代奸相李義府外柔內奸，被人稱為「笑中刀」（成語「笑裏藏刀」的起源），又號為「人貓」；宋代王珪任宰相十多年除「取旨、領旨、傳旨」外不幹別的事，當時號為「三旨相公」，這兩個綽號形象地勾勒了封建官僚的嘴臉。《水滸》裏梁山上一百零八人都有綽號，大都準確地描摹了人物性格、特長或生理特點，這些綽號作為姓名的代稱，更是人們所熟知的。

除了上述的字、號外，歷史上常用來代替個人姓名的還有：

一、地名（包括出生地、住地和任職所在地等）。如東漢孔融稱為孔北海、唐代韓愈稱為韓昌黎、柳宗元稱為柳河東或柳柳州、宋代蘇轍稱為蘇欒城等。以地名稱人在封建時代是表尊敬，叫做稱「地望」。但清末有人做了一幅對聯：「宰相合肥天下瘦，司農常熟世間荒。」上聯指任北洋大臣（宰相）的李鴻章（合肥人），下聯指任戶部尚書（司農）的翁同龢（常熟人），卻利用「地望」的雙關語義諷刺了封建大官僚的貪婪豪奢。

二、官爵名（包括職銜、封號等）。如東漢發出「窮當益堅，老當益壯」豪言的馬援稱馬伏波（曾任伏波將軍），投筆從戎的班超稱班定遠（曾封定遠侯），蔡邕稱蔡中郎（曾任中郎將），三國嵇康稱嵇中散（曾任中散大夫），唐代杜甫稱杜工部、杜拾遺（曾任工部員外郎、左拾遺）等。

三、弟子或後人所上的尊稱。如宋周敦頤稱濂川先生，北宋呂本中和南宋呂祖謙先後稱東萊先生，明歸有光稱震川先生，王夫之稱船山先生等。還有在死後由門人、後人上的尊號（「私諡」），如隋代王通的文中、晉代陶潛的靖節等。

四、諡號，即死後由皇帝頒賜的榮稱。如宋包拯稱包孝肅、岳飛稱岳武穆、明徐光啓稱徐文定、清紀昀稱紀文達等。

五、在姓氏前加形容詞指稱特定的同姓者。如大戴、小戴分指漢代學者戴德、戴聖叔侄（他們編纂的《禮記》也分別稱為《大戴禮》、《小戴禮》），晉代作家阮籍、阮咸叔侄也分別稱為大阮和小阮（「大阮」和「小阮」因而成了「叔」、「侄」的同義詞），南朝謝靈運和堂弟謝惠連都是詩人，也被稱為大、小謝。唐代詩人中老杜（亦作大杜）專指杜甫，小杜專指杜牧。老蘇、大蘇、小蘇則指宋代蘇洵、蘇軾、蘇轍父子。

六、以幾個姓並稱特定的幾個人。如「伊呂」指商伊尹、周呂尚；「馬班」（或「班馬」）指司馬遷（《史記》作者）、班固（《漢書》作者）；唐詩人中「李杜」是李白、杜甫，「元白」是元稹、白居易；「韓柳」是韓愈、柳宗元。還有前面提到的大謝小謝合稱「二謝」，加上南朝另一詩人謝朓又合稱「三謝」；「二程」專指宋代學者程顥、程頤兄弟；蘇洵、蘇軾、蘇轍又合稱「三蘇」。

七、在唐代還常以行第連同姓名官職等稱人。王維有詩題《送元二使西安》（「勸君更進一杯酒、西出陽關無故人」就是其中的名句）、唐詩中屢見《答王十二》、《問劉十九》、《同李十一醉憶元九》、《送裴十八圖南》、《寄丘二十二員外》之類的題目，都是以行第稱人的。如李白是李十二、韓愈是韓十八、柳宗元是柳八、元稹是元九等。行第還可連同名和官職並稱，如裴圖南稱裴十八圖南、杜甫稱杜二拾遺、白居易稱白二十二舍人等。宋代也還有此風習，如秦觀稱秦七、歐陽修稱歐九、黃庭堅稱黃九等。

上述這些起著姓名作用的地點名稱、官職名稱等，大都是他人、後人為表示尊敬或方便而使用的，本人自己並不使用。這一點是和姓名不同的。但是，這些稱呼既已使用，大都因歷史上長期沿用而固定下來。如孔融因在北海任相而稱「孔北海」，但不以其籍貫而稱魯國；王安石以籍貫而稱「王臨川」，但不以曾在鄞縣任官而稱鄞縣。杜甫曾任工部員外郎和左拾遺，因而稱「杜工部」、「杜拾遺」，但他還任過參軍、參謀，卻不稱杜參軍、杜參謀。唐李賀只以籍貫稱「昌谷」，南北朝鮑照只以職銜稱「參軍」。「李杜」多指李白、杜甫，不用來稱李賀、杜牧。宋代畫家米芾的兒子米友仁，也是畫家，世稱「小米」，但米芾卻不稱「老米」，而多稱「米南宮」「米顛」。總起來說，並不是所有的古人都可以用地名或官職名等稱代；也並不是所有與某人有關的地名、官職名都可以用來稱代某人。這是歷史上約定俗成的習慣，並不見得有什麼道理。

在封建社會裏，姓、名、字、號不僅以它的字形、字義反映封建宗法制度和倫理道德觀念，而且也常被直接用來作為政治鬥爭的工具。除了頒賜「諡號」之外，「賜姓」、「賜名」也是統治者用來維繫或加強其統治的一種手段。唐朝沙陀族的朱邪赤心就因鎮壓農民起義有「功」而被賜以「國姓」（皇帝的姓）「李」，賜名「國昌」（他的後代就襲用「李」姓。在五代時，其孫李存勗並利用這個「李」姓建立後唐，即後唐莊宗）。唐玄宗的寵妃楊貴妃的哥哥楊釗，被賜名「國忠」，是天寶年間炙手可熱的權臣。唐僖宗時黃巢起義軍的叛徒朱溫，降唐後被賜名「全忠」；他篡唐自建梁朝後就不便再用唐的賜名，又改名「晃」。明代太監鄭和本姓馬，因隨燕王起兵而被賜姓「鄭」（他就是著名的「三保太監」，曾七次受命率船隊出使南洋）。明末驅逐荷蘭殖民者收復台灣的民族英雄鄭成功，也曾被南明隆武帝賜姓「朱」（因而閩台人民稱他為「國姓爺」）。與「賜姓」、「賜名」的籠絡、褒獎作用相表裏，統治者還用政治力量強制他人改易姓名，進行迫害鎮壓。由於宗室內部的鬥爭，三國時吳帝孫皓追改他的堂弟孫秀的姓為「厲」；唐玄宗也曾改新興王李晉的姓為「厲」。清雍正帝上台後強令他的弟弟（他爭奪帝位時的對手）胤禩改名為「阿其那」（滿語：狗）、胤禟改名為「塞思黑」（滿語：豬）。武則天也是一個熱中於賜姓改姓的統治者。她稱帝後，把當時的唐中宗和以後的唐睿宗先後改為「皇嗣」，賜姓

「武」；又曾強令中宗皇后王氏改姓「蟒」。徐敬業先世已被唐太宗賜姓李，因起兵反對武則天又被她取消賜姓，復姓徐。

在姓名問題上反映封建帝王在政治上和人格上的絕對統治地位的，還有「避諱」。即原來為整個社會共同使用的某個漢字，一被當代皇帝用為名字，就被皇帝龍斷專用，臣民不許使用，這種字叫「諱字」，這種作法叫「避聖諱」。違反了這一條就是「犯上」、「大不敬」，甚至「大逆」，就成為關係到身家性命的嚴重問題。在姓名問題上，也是充分反映了專制帝王統治的專橫和殘暴的。

以上所說的封建社會的姓名字號之類，都是封建宗法制度和倫理道德等觀念形態的組成部分，甚至是封建帝王顯示其淫威，實行專橫統治的直接工具。從這點上說，我們今天直接以姓名作為古人的代號就行了，已不再需要這些東西。但是，由於它們在歷史上長期存在並被廣泛使用過，又是我們不能完全迴避得了的。如《正氣歌》的作者文天祥，字履善，又字宋瑞（祥、善、瑞三字同義），歷代還常稱他「文文山」（自號）、「文丞相」（官職）、「文信國」（封號）等，他的著作也分別題名為《文山集》、《文丞相集》、《文信國公集》、《文信公題杜詩》等。又如《四庫全書》中以「王」為首字題名的著作有五十多種，其中絕大多數是以字號或其他代稱題名的，如《王子安集》（唐王勃的字）、《王天游集》（明王達的號）、《王陽明集》（明王守仁的尊號）、《王文成公全書》（明王守仁的謚號）、《王荆公詩注》（宋王安石的封號）、《王右丞集》（唐王維的官職）等。還有很多姓王的人的文集，題目上根本無姓名，如《臨川集》（宋王安石原籍臨川）、《鳳洲筆記》、《弇州山人題跋》（明王世貞，號鳳洲，又號弇州山人）、《漁陽文錄》（清王世禎，號漁洋山人）、《船山全集》（清王夫之，尊稱船山先生）等。如果我們對古人姓名字號的知識毫無瞭解，會給我們閱讀古代的著作文獻增加很多困難。另外一方面，這些字號之類既是中國封建社會歷史中的客觀存在，並且作為使用者表達自己的志趣的一種手段，我們也就可以利用它作為我們研究古代人物思想生活的參考，前面提到過的「放翁」、「木穴國人」、「八大山人」就是例子。名、字、號還由於它的命名原則和含意，古典文學的作家也利用它對自己作品裏的人物命名取號，作為塑造人物刻畫人物以及表達作者愛憎的一種輔助手段。《水滸》第十四回介紹吳用時說：「這人乃是智多星吳用，表字學究，道號加亮先生……」寥寥幾筆，通過名、字、號的介紹，勾畫出的輪廓是：一個知識分子（字學究），但不是腐儒書呆子（名用，和字連起來是學能致用），他足智多謀（智多星），是諸葛亮類型的人物（加亮先生）。以後故事情節中出現的吳用的藝術形象也正是如此。《紅樓夢》中很多人物的命名，也都各有寓意，這更是人們所熟知的。清代吳敬梓的小說《儒林外史》和晚清小說《孽海花》裏面的人物原型都是當時的著名人物，小說裏人物的名、字、號的命名都和人物原型的名、字、號有關，我們可以根據它們的聯繫求本溯源。如《孽海花》中的威毅伯是李鴻章（封爵號肅毅伯）、丁雨汀是丁汝昌（汝昌字禹廷，用諧音），方代勝字安堂是袁世凱（字慰亭，因方圓、世代、凱勝、安慰、亭堂這幾組字的關係而組成小說中的名、字）等等。此外，「號」還常被古代的作家尤其是書畫家當作筆名使用。如明代的《金瓶梅》題為「蘭陵笑笑生」著，清代的《老殘遊記》題為「洪都百煉生」著，《紅樓夢》三十七回寫寶玉等結社作詩要先起別號。至於書畫落款用別號的就更多了。從以上這些片斷的例子可以看到，古人姓、名、字、號方面的知識，對我們閱讀古籍以及研究古人的思想、風格和古代社會生活，還是有一定作用的，需要我們對它有所瞭解。

## 注釋

①世界古代史學者稱這種氏族標誌（也是氏族崇拜對象）爲「圖騰」。

②明代燕王朱棣以討伐黃子澄等爲名起兵攻破南京，推翻建文帝，自己當了皇帝（即明成祖），當時號「靖難」。

# 中國古代的姓和氏

／李解民

今天我們一說到姓和氏，大家都覺得是一回事。確實，很久以來，一個人的姓就是氏。所謂「張氏」、「劉氏」，換言之即「姓張的」、「姓劉的」。但是，在中國上古時期──先秦時代，姓和氏是被嚴格地加以區別的。弄清這一點，對於認識、研究當時的社會歷史有著重要的意義。

姓是代表有共同血緣關係種族的稱號，氏則為由姓衍生的分支。姓的起源比較古老，形成以後非常穩定。氏卻不然，相對姓來說，它是後起的，隨著各種歷史條件的影響出現不斷的變更。《左傳．隱公八年》中有一段話，清楚地揭示了姓和氏的關係：

> 天子建德，因生以賜姓，胙之土而命之氏。諸侯以字為謚，因以為族；官有世功，則有官族；邑亦如之。

意思是說：天子建立有德之人為諸侯，根據他的出生賜姓，分封土地而又根據封地命名氏。諸侯對於卿大夫，以其字作為諡號，後人便當作族號，世代擔任某一官職而有功者，就以官名為族號；也有以封邑作為族號的。

**先來談談姓。**

有人根據《春秋》，考得秦漢以前的二十二個姓（見顧炎武《日知錄》卷二三）。例如周王室和魯、晉、鄭、衛、燕、虞、虢、吳、隨、巴等封國都是姬姓，齊、申、呂、許等國是姜姓，秦、徐等國是嬴姓，楚國是羋姓，殷人後裔的宋國是子姓，夏人後裔的越國是姒姓，傳說中虞舜後裔的陳國是嬀姓，等等。這大致可以反映西周至春秋時代姓的情況。這些姓究竟如何發生，當時的人已不能詳考，只有一些零碎的歷史傳說。譬如《國語．晉語》載「黃帝以姬水成，炎帝以姜水成，成而異德，故黃帝為姬，炎帝為姜」。《周語》載「我姬氏出自天黿」。至於秦漢以後，對於姓的發生，說法雖多，也更為精緻詳密，但往往出於後人的自我作古，可信程度還趕不上先秦的傳說。儘管如此，我們還是可以透過一些有關姓的記載、傳說，從中窺得上古和遠古時期社會的某些重要的側面。許多古姓都從女旁，連「姓」這個字本身也從女旁，這是我們祖先曾經歷過母系氏族社會的痕跡。有的古老姓氏與動物有關，則暗示了我們祖先曾有過原始氏族的「圖騰」崇拜現象。

周代的姓和氏，有一套相當嚴密的制度。它是當時盛行的封建宗法制度中的一個重要組成部分。①每個人一生下來，姓是早就確定好了的。但氏只有貴族才有，因為氏是辨別貴賤而為貴族獨有的標誌。在以男子為中心的周代，男子作為氏族的主體和當然代表，只稱氏而不稱姓。至於女子則稱姓。貴族女子在婚前婚後、生前死後，有種種不同稱呼的方法，但無論怎麼稱呼，必須帶上姓。舉例來說，一個出生於齊國公族的女子，一般就叫做「齊姜」；若是嫁給魯國國君，就可以叫做「魯姜」；死後又可以用在姓上冠以配偶或本人的謚號來稱呼，魯桓公的妻子死後叫「文姜」，「文」是她本人的謚號。同姓之間不許通婚，是周代婚姻制度的規矩。「男女同姓，其生不蕃」（《左傳．僖公二十三年》），「同姓不婚，惡不殖也」（《國語．晉語》），古人很早就懂得近親婚配會產生不良後代的道理。為了辨別男女姓的異同從而決定嫁娶與否，在女子稱謂中標明姓就是非常必要的了。貴族甚至對買來的姬妾侍女也要進行辨姓，如果無法知道，就用占卜來確定（參見《左傳．昭公元年》）。周及魯、晉等姬姓封國同姜姓齊國有世代通婚的傳統，無疑是維繫周王朝與異姓封國之間政治聯繫的一條重要紐帶。姓與貴族婚姻之間的種種規定，乃是周代上層建築和意識形態的集中代表——禮的一項重要內容。

**再來談談氏。**

氏的情況比姓要複雜得多。前面已談到，氏是標明一個人身分的貴賤的，貴族男子通常稱氏。關於氏的具體命名方法，開頭所引《左傳．隱公八年》那段話可以說是一個綱。

諸侯以受封的國名為氏，如陳氏、宋氏。

諸侯的子孫在稱謂上有一套規定：諸侯之子稱公子，公子之子稱公孫，公孫之子以其祖父的字為氏。

卿大夫有的以職官為氏，如：師氏、史氏、卜氏、祝氏、巫氏、士氏、司馬氏、司空氏、中行氏、陶氏、籍氏；有的以所受封邑名為氏，如晉國的韓氏、魏氏、趙氏、范氏、知氏，這最常見。

另外，還有以居處為氏的，如：東郭氏、南宮氏、百里氏、柳下氏；還有以父親的字為氏的，等等。

這裏有兩點需要注意。

一、婦女的稱呼可於姓下加「氏」字，如：姜氏、姬氏、嬀氏、嬴氏。這種情況下，「氏」之前的稱呼代表姓，應與一般「×氏」的「×」表示氏相區別。「氏」的這種用法，與先秦古書常見的「母氏」、「舅氏」、「伯氏」中「氏」的用法相當。

二、通常情況下氏和族有別，但有時又可相通。《戰國策．秦策》「昔者曾子處費，費人有與曾子同名族者」，這裏的「族」即指氏。

氏的情況較姓複雜，還表現在姓是穩定不變的，而氏卻是可變的，有時還變化相當頻繁。尤其是諸侯公室和卿大夫，有的不僅上一代和下一代不同氏，而且一個人前後可以有兩個或兩個以上的氏。氏的這種變化更替，往往反映了貴族內部各派力量在政治鬥爭中的此起彼落。一個貴族男子一生中可以有幾個氏，因而在稱謂上呈現出複雜多變的情形。春秋中期，晉國有位大夫僅見於《左傳》的稱謂就有九種之多。九種稱謂分別是：會、季氏、武子、士會、士季、隨會、隨武子、范會、范武子。如果不明白這位大夫前後曾有過三個氏，便很不容易弄清這麼多不同的稱謂指的都是一個人。士、隨、范是氏。士，出自其祖先曾擔任過士的職務，是以官名為氏。隨、范分別是這位大夫先後受封的兩個采邑，是以封邑為氏。其餘，會為名；季為排行，武為諡號。懂得這些，就不難理解那九種稱謂只不過是一個人不同叫法而已。又如戰國中期的著名法家商鞅，又叫做衛鞅、公孫鞅，那是由於商鞅原係衛國公室的子孫。

在封建宗法制度下，氏族作為周王朝最基本的政治組織形式，其存在、發展乃至衰落的狀況極大地左右著社會的政治、經濟、軍事、文化等各個方面。可以毫不誇張地說，氏族問題在某種意義上乃是研究先秦史的一把鑰匙。

談到這裏，姓和氏的區別已是顯而易見的了。但正如任何互相聯繫著的事物一樣，它們之間的區別還具有相對的一面。《國語．晉語》上說：「黃帝之子二十五人，其同姓者二人而已，……其同生而異姓者，四母之子別為十二姓。凡黃帝之子二十五宗，其得姓者十四人，為十二姓。」這個古老的傳說曲折地反映出：西周時代的一些異姓往遠古追溯的話，很可能出於同一個源。如此說來，這些異姓在形成之初，完全相當於日後由一個姓派生出來的不同氏。所以，我們又說姓和氏的區別不是絕對的，而是相對的，總是聯繫著一定歷史條件而言的。

隨著封建宗法制度的崩潰，氏族貴族日趨瓦解，它的一個具體表現就是戰國時期姓氏制度發生混亂。秦的統一，基本結束了西周封建宗法制度，舊的氏族及姓氏制度也被清除殆盡，姓和氏開始合二為一。經過秦末大亂，社會進入西漢，姓氏就完全融為一體。正因為這樣，西漢中期的司馬遷寫《史記》時便已不那麼注意先秦時代姓和氏的區別了。他在《孔子世家》裏說孔子「字仲尼，姓孔氏」。其實孔子祖先是宋國人，姓子，孔只是氏。這是司馬遷囿於當時習慣造成的一個疏忽。他在《屈原賈生列傳》中說「屈原者，名平，楚之同姓也」，就將屈原的姓和氏分得清清楚楚。

今天，離開司馬遷那個時代兩千多年了。許多人不知道上古時期姓氏相分，自屬情理之中的事。但如果我們想學習、研究祖國的歷史，那麼，弄清中國古代的姓和氏還是必要的一課。

## 注釋

①本文所說的封建制度，指西周貴族內部層層分封土地、人民的制度，不是指社會形態意義上的封建制度。

# 古代「劫奪婚」

／向　黎

劫奪婚，也稱「掠奪婚」或「佯戰婚」，是以強行「劫奪」的方式為達到成婚目的的一種婚姻儀式。這種婚制是從母權制向父權制過渡的歷史階段中產生的。原始氏族成員由男從女居轉為女從男居，是「人類所經歷的最急進的革命之一」（恩格斯《家庭、私有制和國家的起源》），而劫奪婚就是完成上述轉變的一種表現形式。

關於我國古代的劫奪婚，在《易經》中保存了若干片斷的痕跡：

屯如，邅如，乘馬班如：匪寇，婚媾。（《屯》六二）

見豕負涂（土），載鬼一車；先張之弧，后說（脫）之弧。匪寇，婚媾。（《睽》上九》）。

郭沫若說它是「男子出嫁」的遺習（《中國古代社會研究》第三十五頁），呂振羽認為它是「描寫奪婚的詩歌」（《殷周時代的中國社會》第一二一頁）。兩說比較，當以後說為長。

所謂「劫奪婚」，一般是假劫真婚。故爻辭明言：「匪（非）寇，婚媾。」它是被當時社會普遍接受的婚姻制度。有的同志把這段話解釋為：「奴隸主攜帶武器，騎著壯大花馬，搶劫婦女，迫使成婚。」這是對劫奪婚的誤解。

在殷代奴隸社會，雖然經常發生奴隸主把戰爭中掠奪來的女俘殺掉，或把她當作妾，但這並不是劫奪婚，而是「妾制」的來源。

《儀禮．士昏禮》規定，男方「親迎」要用全副的黑色裝備（「載鬼一車」），可能是受這種風俗的影響。魏晉以後，我國爨族仍實行劫奪婚的制度。「將嫁女三日前，（女家）執斧入山伐帶葉松，於門外結屋，坐女其中。旁列米淅數十缸，集親族執瓢、杓，列械環衛。婿及親族新衣黑面，乘馬持械，鼓吹至女家，械而鬥。婿直入松屋中挾婦乘馬，疾驅走。父母持械，杓米淅洗婿，大呼親友同逐女，不及，怒而歸。新婦在途中故作墜馬狀三，新婿挾之上馬三，則諸親族皆大喜……新婚入門，諸弟拖婿持婦撲跌，人拾一巾一扇乃退。」（曹樹翹：嘉慶《滇南雜志》）這段敘述幾乎是對《易經》劫奪婚的疏解。

唐代是我國各民族的大融合時期。劫奪婚俗被當時婚儀所吸收，成為「坐地安帳」（在屋外搭喜棚，也稱「青廬」）、「下婿」、「弄婦」等節目。一位英國人類學家在講到蒙古族的劫奪婚時說，新郎身備武器，率同輩青年至女家幕舍，女家兄弟站在門前詢問各人來意（即「攔門」），於是發生推拉，毆鬥，經過短時間的模擬戰鬥，乃延請攻擊者進入幕中（Edward Wes-fermarrk 著，王亞南譯：《人類婚姻史．掠奪婚》）。

清人桂馥的《黔南苗蠻圖說》，用插圖與文字對貴陽和都勻一帶少數民族的劫奪婚作了形象化的記敘。根據我國當代民族學工作者的調查報告，全國解放前，我國雲南的景頗族，傈僳族和傣族都實行劫奪婚。在奪婚之前，青年男女已約定時間和地點。但在男子劫奪時，女子又要裝出呼救的姿態，通知家人和鄰里營救，男子便帶著夥伴設法逃走，或者把女子拖走，再派媒人正式向女家求婚，付出一定的彩禮。傣族的劫奪婚，只限於在聯姻姓氏之間娶第一個妻子時才被允許。

陳克進在《景頗族的婚姻形態》一文中，把景頗族的劫奪婚分為拉親（「迷卻」）、偷親（「迷考」）和搶親（「迷嚕」）三種方式。拉親是青年邀約同伴趁姑娘離家之機，將她搶走；偷親是青年在媒人密切配合下，將躲藏的姑娘偷偷地搶走；搶親是由於女子才貌出眾，又與幾個男子有愛情關係，於是「先下手為強」，突然把女子搶回寨中。這三種方式雖有某些差別，都不外乎通過劫奪而達到成婚的目的。

由此可見，劫奪婚在舉行儀式前，男女已有愛情關係，而不是男子把自己的意志強加給女子。不論是真搶還是假搶，都帶有喜劇色彩。這和舊時代惡霸劫奪良家婦女的情況迥乎不同。「當權者利用這種婚姻形態以滿足其私欲」，如《水滸傳》上描寫的高衙內劫奪林冲媳婦的暴行，總是受到社會輿論指責的。不過，劫奪婚終究已成為歷史的陳跡。

# 古代媵、妾制

／向　黎

媵、妾制是古代統治階級的一夫多妻制。統治者一方面重嫡庶之別，嫡妻、正室只能有一個；另方面又多娶。恩格斯說它是「人類的奢侈品」。

媵制的起源很早。它是原始社會的族外婚向對偶婚演變中的一種過渡形式，即「與長姊結婚的男性有權把她的達到一定年齡的姊妹也娶為妻」（恩格斯《家庭、私有制和國家的起源》）。《尸子》書中推測堯嫁二女於舜是媵制，「妻之以皇，媵之以英」。其說大致可信。

媵制是指一個女子出嫁，須同姓娣侄和奴僕隨嫁。商承祚先生在《殷契佚存考釋》中載有「歸妹」、「歸娥」及「媄」等卜辭。「媄」即「媵婚」。《易．歸妹》說：「歸妹以娣，跛能履，徵吉。」認為媵制如同跛腳，尚能穿鞋行走，是件好事情。《儀禮．婚禮》注曰：「古者嫁女必以侄娣從，謂之媵。」劉熙《釋名．釋親》曰：「媵，承也，承事嫡也。」娣侄處於從屬地位，也稱「媵妾」。

春秋時期，各國統治者實行媵制，如《詩經．大雅．韓奕》：「韓侯娶妻……諸娣從之。」又《豳風．七月》的「女心傷悲，殆及公子同歸」，也是說的媵婚。《詩經》中將「歸」字解為「出嫁」的詩約有十五首。清人王先謙、姚際恆釋「公子」為豳公的女兒。詩的大意是，少女們在採桑時忽然心裏悲傷起來，恐怕被女公子帶去陪嫁。進入戰國，因社會制度發生巨大變化，媵制隨之沒落。後世有妻死，由妻妹續弦的婚俗，就是媵制的遺子。

妾制的出現比媵制稍晚。妾的來源，一是被劫奪的女奴，罪犯的妻女和貧家出賣的妻女。梁啓超說，妾、童、僕，皆從辛，罪也。《彙苑》：「妾，接也，言得接見君子而不得伉儷也。」《禮記．坊記》鄭箋：「妾合買者，以其賤同於公物也。」

後代的宮女、富家的婢女都是先秦妾的餘脈。倡伎也屬於妾的一類。她們有的以色藝起家，稱「寵妾」、「愛姬」。漢武帝的李夫人，漢成帝的趙飛燕，原先都是歌舞伎，一旦得寵成為皇后。漢代的「樂府」，唐代的「教坊」以及宋元的「瓦肆」、「行院」，都是伎女獻藝的場所。這些女子大都容貌出眾，從小受專門訓練，在文學藝術才能方面高於當時女性的一般水平。她們與古希臘的黑特列（Hetäre，意為女友、女伴），頗有相似之處。這些女子的社會地位極為低下，是被侮辱、被損害的對象。可是，在她們身上也潛藏著美好的品質、智慧和才能。封建文人多有狎妓、蓄妓的惡習，但他們在宦海沈浮中身不由主，其命運與她們相類似，白居易的《琵琶行》有「同是天涯淪落人，相逢何必曾相識」的名句，便彈奏出他們共同的悲涼而深沈的心聲。

此外，凡未經明媒正婚的女子，也稱「妾」。《禮記．內則》稱之為「奔則為妾」。她們遭受社會的歧視，「則父母國人皆賤之」（《孟子．滕文公下》）。湯顯祖的《牡丹亭》是一齣浪漫主義的愛情悲劇。作者一反傳統偏見，把杜麗娘、柳夢梅這對「無媒自婚」、生死不渝的情侶塑造為正面人物形象，迸發出作者進步美學理想的閃光。

《禮記．內則》：「聘則為妻。」嫡妻、正室大都是「門當戶對」的婚配。這些女子自幼學習針線女紅，至多學點寫讀知識。她們之中只有極少數受到家學的薰陶，再加上自己的努力而成為經學、史學、文學的專門家。明末清初，封建正統派提出「女子無才便是德」的訓條，要女子永遠處於愚昧狀態。另方面，由於封建母體中已經孕育著資本主義的萌芽，在意識形態領域也產生了反抗封建禮法的思潮。在這一思潮的激盪下，有些人主張男女平等，反對女子刺耳、纏足和守貞節。如袁枚、陳文述還提倡女子學習詩詞，招收女弟子，支持她們開展結社賦詩的社會活動。因此，在清代乾、嘉時期，湧現出數以千計的女詩人、女詞人。雖然，她們在創作上所取得的成就並不太高，但是在統治者看來，卻有傷風化的危險傾向，加以「捨家而躐國，務為宏大」的罪名，進行思想圍剿。它是當時社會上女子反對封建壓迫的曲折反映。

媵、妾制的產生雖然有其一定的歷史原因，由於它本身是一種藏污納垢的婚姻形態，有害於人類的進步。所以很早就有人主張革除它。如《易．革卦》彖曰：「水火相息。二女同居，其志不相得，曰革。」這種微弱的呼聲，在當時很難取得改革的效果。媵妾制是侮辱、摧殘女性的罪惡淵藪，它是歷史的產物，也必然要隨著歷史的發展進步而被淘汰。

# 麈尾與魏晉名士清談

／白化文

麈尾，是魏晉清談家經常手執的一種道具。直到唐代，還在士大夫間流行。宋朝以後逐漸失傳。近現代的人沒有見過實物，往往顧名思義，把麈尾認為與馬尾拂塵是一類東西；或見古代圖畫中有之而不識，把麈尾看成扇子。其實，考古與文物界，早在四十年代傅芸子先生發表《正倉院考古記》之時，對麈尾的形制已經瞭然。近年來的文物與考古的報告、論文、著作中也多有提及。可是文獻界與文物界有時脫節，西元一九七九年出版的《辭海》下冊四七二八頁「麈尾」條的解說是：「拂麈。魏晉人清談時常執的一種拂子，用麈的尾毛製成。」

麈尾，如二三〇頁圖二、三所示，形如樹葉，下部靠柄處則常為平直狀。所謂「員（圓）上天形，平下地勢」（陳代徐陵《麈尾銘》）；副以長毫，所謂「豪（毫）際起風流」（梁宣帝《咏麈尾》詩）。它有點像現代的羽扇，可不是扇。但是，麈尾絕不像拂塵，這是肯定的。拂塵，亦如二三四頁圖一所示，這是唐懿德太子墓壁畫宮女圖中手執拂塵的宮女。從中能看出拂塵的形制、用途與麈尾大不相同。

據說，麈是一種大鹿。麈與羣鹿同行，麈尾搖動，可以指揮鹿羣的行向。「麈尾」取義於此，蓋有領袖羣倫之義。魏晉六朝清談家習用麈尾。要是善於清言的大名士，才有執麈尾的資格。在這一點上，它有點像某些外國帝王和總統手持的「權杖」，起顯示身分的作用。那是不能隨便交與他人，特別是交與侍從代為掌握的。而「拂塵」，則是侍女一類人侍候主子時拿的東西。這是它們之間的本質區別。這點區別非常要緊，關係到人的身分的。

東晉開國元勳、大名士王導有一篇《麈尾銘》：「道無常貴，所適惟理。誰（《文藝類聚》作「勿」）謂質卑，御於君子。拂穢清暑，虛心以俟。」（見於《北堂書抄》一三四，《藝文類聚》六九，《太平御覽》七〇三）麈尾本來的用途似乎是「拂穢清暑」，大約兼有拂塵、扇子的功用，可是，「御於君子」，經清談名士手執以後，身價倍增。誰還敢說它「質卑」呢？所以陳代徐陵《麈尾銘》引申王導的話說：「拂靜麈暑，引飾妙詞。誰云質賤，左右宜之。」

對清談，一般人也有誤解，認為不過是高談玄理的閒聊天。實際不然。魏晉清談是一種逐漸形成的正規的學術討論。它的特點是：

一、參加者必為「名士」。至少是準名士，具有名士默認其有候補資格者。

二、有一定內容。早期有才性同異的討論，所謂「四本論」。中晚期間及佛經。通貫整個清談時期的主要內容是以老莊哲理為核心的某些命題，如「聲無哀樂」、「三教同異」、「言盡意」之類。

三、有一定辯論方式，主要採「主」「客」問難方式。先由「主」提出一項討論的內容並簡單敘述自己的見解，稱為「竪義」或「立義」。然後一「客」或數客問難。有點像現代的課堂討論。也有自為主客的。此種方式雖不一定嚴格遵守，卻是實有的。

四、清談時，主與客，特別是「竪義」的「主」，必執麈尾作道具，以助談鋒。《晉書》和《世說》記載，孫盛與殷浩談論很久，端上飯來也顧不得吃，彼此大甩麈尾，尾毛都落在飯上，最後吃不成。《陳書．張譏傳》記載，陳後主在鍾山開善寺使清談家張譏「竪義」（大約是竪的佛經中的義），取麈尾未至，臨時找松枝代替。可見，麈尾是清談必備工具，所謂「君子運之，探玄理微」（東晉許詢《白麈尾銘》），有似教員上課之教鞭，樂隊指揮的指揮棒。名士、清談、麈尾，三者之間實有不可分割的關係。後世又稱清談為「麈談」，良有以焉。

現在，在我國國內，只能看到圖像中所繪的麈尾。其中以「維摩變」中維摩詰居士手執的麈尾為最常見。

「維摩變」是南北朝以還首先中國化了的佛教畫，據《維摩詰所說經》所繪。維摩詰簡稱維摩，是毗耶離（吠舍離）城富有的、文化水平極高的居士，深通大乘佛法。他以稱病為由，與釋迦牟尼派來問病的文殊師利（智慧第一的菩薩）論說佛法，「妙語」横生。維摩有清羸示病之容，又智辯過人，時出妙語，勝過出家的佛弟子，很受南北朝清談名士的歡迎，把他看成同調。畫面上的維摩，正是以清談名士的風貌為模特兒的，所以總是畫他手執麈尾。見於南北朝的，如，雲崗第一、二、七洞之維摩，均為五世紀產物；龍門賓陽洞中洞正面上部右面的維摩，時代約為六世紀初；還有，天龍山第三洞東壁南端的維摩，也是這一時代的產物，都很典型。

敦煌莫高窟內則更多，從南北朝到隋唐都有，約六十餘壁。如莫高窟二七六窟西壁隋代畫維摩，二二〇窟東壁初唐畫維摩，一〇三窟盛唐畫維摩（見圖二）（均見《敦煌壁畫》一書，西元一九五九年文物出版社），都可稱代表作。這些維摩均手持麈尾，作答文殊問難論辯姿勢。特別的是三三四窟龕內南北壁初唐畫維摩，麈尾是由充任「近事女」（高級和尚和居士的侍女）的天女代執的，可算例外。初唐時，清談的流風餘韻已近消歇，有這種出格的畫面配置也不足怪。

更典型的是圖畫中清談名士所執的麈尾。傳世唐代孫位《高逸圖》，已經承名世先生考出，實為《竹林七賢圖》殘卷，其中所繪阮籍便手執麈尾（見圖三）。石刻《竹林七賢圖》中的阮籍形象亦復如是。七賢以嵇、阮為首，看來阮籍執麈尾是有象徵性的，也隱寓有竹林清談領袖之意罷。此外，傳世唐代閻立本《歷代帝王圖卷》中的孫權，也手執麈尾。從而又可看出，麈尾雖是清談所用的名流雅器，但因它能顯示一種高雅的領袖身分，所以，名士平時自然可以手執，另一些雖非名士但夠某種領袖資格的人也可以拿。當然，從名士集團的角度看，多少算是通融，有點現代某些大學發「名譽博士」學位的味道。閻立本給孫權手裏安上麈尾，大約就是出於這種設想。另據《晉書．石勒載記》，石勒出身貧苦，後來成為一方軍閥。王浚是貴族名士出身，軍閥中的老前輩，他派人遠道送給石勒一柄麈尾。這是承認給予石勒一種新身分的表示。石勒把它掛在牆上，對之下拜，以示謙虛不敢當。可見麈尾在顯示人的身分方面所起的作用了。

麈尾實物，日本正倉院現存數柄，是唐代之物，都很華麗。有鑲牙漆木柄的，有鑲玳瑁檀木

〔圖二〕

〔圖一〕

〔圖三〕

柄的，顯示出貴族用具的風貌。《晉書．王衍傳》記載，大清談家王衍常用的是白玉柄麈尾，他的手和玉柄同樣白皙溫潤，有一種病態美，歷來為名士所稱道。《陳書．張譏傳》記載，陳後主造了一個玉柄麈尾，認為當時配拿它的只有清談家張譏，就把它賜給了張譏。這兩則故事說明，華貴的麈尾在那時是很名貴的，極受重視的。大名士王濛病重時，在燈下轉動麈尾看來看去，長嘆不已。王濛死後，另一大名士劉惔把犀麈尾納入棺中。麈尾與名士，可真是生死與共了。

# 「禊事」風俗談

／雋雪豔

翻開豐富的詩詞文賦，有關「上巳」①、「三月三日」的歌咏記敘，俯拾皆是。為什麼「上巳」或「三月三日」有如此魔力，撥動著騷客文人的心弦？為什麼這一天成為文壇豐收的季節？探本索源，我們便可從中看到一幅古代風俗畫。

遠在西元前的周朝，我們的祖先就已經注重三月時令，每逢此時，要去水邊祭祀，並且用浸泡了香草的水沐浴，認為這樣可以祓除疾病和不祥。史書稱這種禮儀為「禊」或「祓禊」②。《論語．先進》篇：「暮春者，春服既成，冠者五六人，童子六七人，浴乎沂，風乎舞雩，咏而歸。」《後漢書．禮儀志》記載：「三月上巳，官民皆絜於東流水上，曰洗濯祓除去宿垢疢為大絜。」可見，在春秋戰國、秦漢之際，三月出遊，沐浴祓禊的活動就比較普及了。古人這樣重視暮春三月，大概是因為在這個時節裏，萬物復蘇，意味著農事的開始，官吏們也要「勸農」了。而且，風和日麗，天朗氣清，「陽氣布暢，萬物訖出」，大自然的煥發生機，蓬蓬勃勃，也能引起人們愉快和振奮的情緒，帶來吉祥的祝福。古人的有關詩文也反映出這種風貌，例如晉朝人張華的詩句：

「暮春元日，陽氣清明，祁祁甘雨，膏澤流盈。習習祥風，啓滯導生。禽鳥翔逸，卉木滋榮。」（《太康六年三月三日後園會》）

南朝梁沈約的詩：

「麗日屬元巳，年芳具在斯。開花已匝樹，流嚶覆滿枝。」（《三月三日率爾成章》）

這類的詩句是不勝枚舉的。

確定「上巳」為祓禊日，不知起於何時，只知道自三國魏以後，禊日就不再用「上巳」而是固定在每年農曆的三月三日了③。

祓禊，這種來自上古的禮儀，在漢代已經有了很大的變化，人們來到水邊已不僅僅是舉行沐浴祓除的儀式，而是把它當成宴飲遊玩的好時光，更免不了要賦詩行令。達官貴人或文人騷客還把酒杯放在彎曲環繞的小水渠，讓它隨波泛流，流到誰的面前誰就取來喝杯中的酒，稱之為「曲水流觴」。我國著名的書法家王羲之的《蘭亭集序》記敘的就是他和朋友三月三日水邊宴飲的盛況。直到唐宋，朝廷還一直重視禊日的活動，皇帝經常在這一天賜宴、賜錢給文武百官，並且官修遊船畫舫以助遊興。但截止《隋書》，唐宋以後，禊祭不再載於史書禮志，大概是由於隨著歷史的延續，禊日的活動越來越大眾化，成為一種民風習俗，統治者覺著不再適於作為他們專用的祭禮了。

祓禊之風，在我國古代流傳極廣，從各地的方志上可以看到，三月三日的活動在江南流傳的更廣，也更熱鬧，這顯然與南方春天來得早有很大的關係。

值得我們注意的是，在古代的史籍和文學作品裏，古人都自稱他們在三月三日的活動為「禊」或「祓禊」。如張衡的《南都賦》：

「暮春之禊，元巳之辰，方軌齊軫，祓於陽濱。」

隋朝江總《三日侍宴宣猷堂曲水詩》：

「上巳娛春禊，芳辰喜月離。」

唐代王維《三月三日曲江侍宴應制詩》：

「奉迎從上苑，祓禊向中流。」

然而，我們現代出版的《辭海》、《辭源》及有關工具書幾乎一律錯誤地解釋了古人這項活動的名稱，誤稱為「修禊」，所舉之例，皆為王羲之《蘭亭集序》的一段文字：「暮春之初，會於會稽山陰之蘭亭，修禊事也。」未見他例。因而，怎樣理解《蘭亭集序》的這段文字，就成了辯「修禊」與「禊」的重要問題。

遍覽現代各家注本，同樣也都把「修禊」一詞作為古人三月三日活動的名稱來注釋。如人民教育出版社出版的《古代散文選》：「(修禊事也)(為了作)修禊這件事。」還有中國青年出版社出版的《歷代文選》、陳中凡選注的《漢魏六朝散文選》、劉盼遂、郭預衡主編的《中國歷代散文選》等等，皆有此誤。

其實，現代人錯誤的根源就在於對《蘭亭集序》中「修禊事也」這一句話理解錯了。這裏的「修」應該看作是一個動詞，意思近於「從事」、「進行」、「作」等。而「禊」應該和後面的「事」連讀如「禊事」，意為：從事「禊」這一活動。這種解釋也可以在古代的典籍和詩文中得到證明。如歐陽修的《三日赴宴口占》詩：「共喜流觴修故事，自憐霜鬢惜年華。」王維的《奉和聖制與太子諸王三月三日龍池春禊應制詩》：「故事修春禊，新宮展豫遊。」金人張宇的《上巳日遊平湖》：「微微漠漠水增波，禊事重修繼永和。」《通志》解釋「祓禊」：「一說，三月三日清明之節，將修事於水側……」而且，在清代吳楚材、吳調侯選注的《古文觀止》裏，對「修禊事也」這句話也只注為：「禊，祓除不祥也。三月上巳日，臨水洗濯，除去宿垢，謂之禊。」而未把「修禊」作為一詞。我想，這一謬傳，應該糾正過來了，也好正確地瞭解這一古代風俗。

## 注釋

①干支記日法中農曆三月的第一個巳日。

②《周禮．春官》：「女巫掌歲時祓除衅浴。」鄭玄注：「歲時祓除如今三月上巳如水上之類，衅浴謂以香薰草藥沐浴。」徐廣的《史記》注：「三月上巳，臨水祓除，謂之禊。」《南齊書．禮志》：「三月三日曲水會，古禊祭也。」《西京雜記》：「三月上巳，九月重陽，士女遊戲，就此祓禊登高。」

③沈約《宋書．禮志》：「……自魏以後但用三日，不以巳也。」

# 從《蘭亭序》談「曲水流觴」

／姚喁冰

以東晉大書法家王羲之的名字流傳的《蘭亭序》，在我國書法藝術史上是一件帶有神奇色彩的作品。儘管「蘭亭真跡」早在唐代初期已經在撲朔迷離之中，流傳的都是摹本和碑刻拓本；儘管一千年來不斷有人懷疑它是否真正出自王羲之之手，在建國後的六十年代，還因此引起過一場熱烈的「蘭亭論辨」：儘管這樣，《蘭亭序》的書法藝術價值一直是公認的。

就文章內容說，《蘭亭序》也不失為一篇駢散結合，敘事、寫景、抒情融為一體的優美散文詩。

「永和九年，歲在癸丑。暮春之初，會於會稽山陰之蘭亭，修禊事也。群賢畢至，少長咸集。此地有崇山峻嶺，茂林修竹；又有清流激湍，映帶左右，引以為流觴曲水。列坐其次，雖無絲竹管弦之盛，一觴一咏，亦足以暢敘幽情。……」

這一番詩情畫意，同《蘭亭序》書法的風貌可以說是很相稱的。正因為如此，在《蘭亭序》保持著書法藝術魅力的同時，蘭亭「曲水流觴」的故事也吸引著歷代文人雅士的嚮往之心。

故事的梗概是：東晉永和九年（西元三五三年），暮春之初的三月三日，王羲之和當時的名士謝安、孫綽等四十二人，在會稽山陰（今浙江紹興）的蘭亭地方，按照「修禊」的習俗，藉著宛轉的溪水，「流觴」飲酒，吟詩詠懷。四十二人中，王羲之等十一人各自賦得四言、五言詩各一首；有十五人各成詩一首；另外十六人混跡在名士群中宴遊，一首詩也湊不出來，只得各「罰酒三巨觥」。《蘭亭序》就是王羲之為當時作成的幾十首詩寫的序言——當初是並沒有這個標目的。

「曲水流觴」同王羲之等人這一次蘭亭雅集聯繫在一起了。其實這一次並非首創。王羲之等人只是套襲了古代修禊的習俗，不過這一次集中了一批名士，多了一些文人情調而已。修禊的歷史淵源可以追溯到春秋戰國之際，也許還早到西周。

周代是巫術迷信流行的時代。每年春天，三月的「上巳」日（上旬的「巳」日），女巫在河邊舉行儀式，為人們除災去病，叫作「祓除」，也叫「修禊」。祓指巫術儀式；禊有清潔的含義，在河邊修禊，取洗滌積穢，祛除不祥的意思。人們總是追求著健康、歡樂的生活，他們給迷信活動注入了生活的情趣，把修禊和踏青遊春結合起來。而且因為修禊是在河邊的活動，又形成了臨水宴飲的風俗。既然是臨水宴飲，又索性變些花樣，讓酒杯順著曲折的溪流漂浮，漂到誰的面前，誰拿起來一飲而盡。這就是「曲水流觴」。我們在古代文物裏看到一種酒杯，叫作「耳杯」，也叫「羽觴」，淺淺的杯身，兩側有一對耳朵或翅膀；有的是質地很輕的漆器。「流觴」的觴，該就是這一類酒杯吧。

修禊的古老巫術儀式逐漸讓位於活潑潑的節日宴遊了，雖然它依舊保留著祓除的意義。魏晉以來，「上巳」這個日子也不再拘泥，也許為了便於記憶，一般就定在陰曆的三月三日（這是「春禊」；另外有七月十四日的「秋禊」，這裏不談）。這個節日常常反映在古人的筆墨之間。南朝梁宗懍的《荊楚歲時記》寫道：「三月三日，士民並出江渚池沼間，為流杯曲水之飲。」杜甫的《麗人行》描繪的是唐代的節日景象：「三月三日天氣新，長安水邊多麗人。」元代白樸的雜劇《牆頭馬上》中，裴少俊上場自報家門之後，又自言自語道：「今日乃三月初八日，上巳節令（這裏仍舊守著「上巳」的古制），洛陽王孫士女，傾城玩賞。……」顯然，這是一個具有悠久歷史傳統的節日。

王羲之等人給這個群眾性的節日渲染了文人的情調，「一觴一咏」，蘭亭之下的「曲水流觴」關聯著詩句的吟咏。江左名士的這一倡導，對後世文人的靈感是有觸發作用的。「棹歌能儷曲，墨客競分題」（劉禹錫《三日與樂天、河南李尹陪令公洛禊》）。「流觴曲水無多日，更作新詩繼永和」（蘇軾《和王勝之》）。唐宋詩人都樂於響應這種風流。然而，這樣一來，雅則雅矣，卻似乎預示活潑潑的節日活動最後將縮小到士大夫的圈子裏去，成為中國古典式的「沙龍」。

修禊習俗的餘暉果然是這樣的。解放前夕，北平還有虛應故事的文人雅集，參加者臨水相聚，詩歌應和；他們之中今天還有健在的。至於「曲水流觴」，大概久已無人仿效。我們除了從古代的繪畫、雕刻中依稀看見當年的韻事以外，今天能夠尋找的只是一些象徵性的景致。在北京故宮乾隆花園、中南海、潭柘寺、香山等處，都有亭子與微型的水渠——在石基上鑿成的迂迴曲折的溝槽——相結合的地點，封建皇帝題寫的匾額名之曰「禊賞亭」、「流水亭」等等，一般通稱為「流杯亭」。這是蘭亭「曲水流觴」的象徵，是用來點綴風景的。據園林專家估計，類似的景致，在全國不下幾十處。浙江紹興的「蘭亭遺址」內也有一個（不過這個遺址並非王羲之修禊的蘭亭原址）。毋庸諱言，比起那「崇山峻嶺」、「茂林修竹」、「清流激湍」的大自然中的「流觴曲水」，這些風雅的模型是很難讓人寄託想像的。

# 漫話火葬

／楊存田

說到火葬，人們往往認為它是從國外傳入的一種葬法。其實，火葬在我國也古已有之。據《墨子．節葬下》的記載：「秦之西有儀渠之國者，其親戚死，聚柴薪而焚之，熏上，謂之登遐，然後成為孝子。」儀渠也作義渠，地在今甘肅慶陽縣西南，可見先秦時代義渠人是實行火葬的。但這還不算最早。西元一九四五年在發掘甘肅臨洮縣寺洼山的史前遺址時，出土了一個盛有人類骨灰的灰色大陶罐，可見我國的火葬可溯源於原始社會時期。

東漢初年，佛教傳入我國，依照教規，和尚死了是要火葬的，於是南梁僧人慧皎所撰的《高僧傳》中，便有了佛教僧徒焚身的記載。後來，實行火葬的已不限於和尚，而且擴大到民間，甚至皇室成員也有實行火葬的。《新五代史》卷十七載：「兒皇帝」石敬瑭建立的後晉王朝滅亡後，他的老婆李氏和兒子出帝都當了契丹的俘虜，被遷到建州軟禁，李氏病死，出帝只好「焚其骨，穿地而葬焉」。

宋、元時期實行火葬的人更多，地域也更廣泛了。據《宋史．禮志》的記載，河東（今山西地區）因「地狹人眾，雖至親之喪，悉皆焚棄」。江南水鄉則此風更甚，「浙右水鄉風俗，人死，雖富有力者，不辦蕞爾之土以安厝，亦致焚如僧」（《清波雜志》卷十二）。十三世紀的義大利旅行家馬可．波羅在他的《遊記》中也記錄了當時我國北至寧夏，西到四川，東達山東，南到浙江的廣大地區內實行火葬的情況。從考古發掘的實物看，火葬墓雖然各代均有，但以宋、遼、金、元時期最多，遍布各省。洛陽西區出土的北宋骨灰瓦罐，福州的北宋元豐年間火葬磚墓，山西的宋、遼、金火葬墓，雲南西部的宋、元火葬墓，便是其中的一部分。這完全證明了古代文獻記載的真實性，而且可以補充文獻記載的不足。

由於封建統治者的禁止，火葬在明、清時代逐漸衰落，但從未絕跡。《明史．禮志》即有「近世狃元俗，死者或以火焚，而投其骨於水」的記載。就是在嚴禁火葬的清代，高郵、蘇州、松江、太倉一帶也還盛行火葬（《再續高郵州志》卷八「禁火葬」條）。不過，並非一切火葬都在禁止之列。和尚火葬，當然不禁，其他不禁之火葬例證也還可以找到。在深刻反映封建末世社會生活的著名古典小說《紅樓夢》中，有一位「心比天高，命同紙薄」的丫頭晴雯，當她被逐出大觀園，含恨而死之後，王夫人聞信傳命：「即刻送到外頭焚化了罷，女子癆死的，斷不可留！」於是晴雯被「立刻入殮，擡往城外化人廠上去了。」從中不難看出：未婚下層女性癆死，本應火化；而化人廠的存在，則可推知合法火葬並不僅限於癆死的未婚下層女性。可見，合法與非法的火葬在明清兩代仍然存在。

我國古代火葬的流行，固然與佛教的傳入有極大關係，寺院不但火葬佛教僧徒，而且替世俗民眾辦理火葬，甚至有以此謀利的（見黃震《黃氏日鈔》）。但還有更加深刻的經濟原因：火葬省錢，不占用土地，容易被貧無立錐之地、家無鼠雀之糧的勞苦大眾所接受，城鄉皆然。吳自牧《夢粱錄》卷十五就載錄了蔡汝撥的庶母死後因無地埋葬而火化的事。有的人甚至連火葬費用都沒有，需要救濟。同書卷十八便有杭州富室向窮人「給散棺木，助其火葬」的記載。這種火葬當然十分簡單，不可能像大和尚那樣修一座骨灰塔，他們的骨灰或棄於水中，或撒在荒野，或寄放寺院，即使放在瓦罐、木匣裏埋葬，也沒有墳頭。可見，採用火葬的，「其間無資營葬者半，惑於釋氏之說者半」的說法是有一定道理的（見《寰宇瑣記》卷十一）。

封建統治者為維護儒家倫理觀念，是反對火葬的。儒家向來主張厚葬，而且認為自己的「身體髮膚，受之父母，不敢毀傷」（《孝經》），父母的身體髮膚當然就更不敢毀傷了，在他們的眼裏，火葬不但有違孝道，而且簡直是大逆不道。因而，宋太祖趙匡胤便有禁止火葬的詔書（見《東都事略》）；元朝也有禁漢人火葬的典章（《元典章》）；明朝更有懲處火葬者的法律：「其從尊長遺言將屍燒化及棄置水中者杖一百（《大明律．禮律》）；」「若毀棄緦麻以上尊長死屍者斬」、「其子、孫毀棄祖父母、父母及奴婢、雇工人毀棄家長死屍者斬」（《刑律．盜賊》）。這裏的「毀棄」包括火葬。清代法律不但保留了明代法律的這些規定，更增加一條：旗民喪葬概不許火化。同治年間高郵地區還規定：地保、鄰右知有火葬而不告發者，要「一體治罪」。

在社會主義條件下的今日中國，政府大力提倡火葬，人民群眾樂於接受火葬，是因為它簡便、節省、衛生，最符合現代文明的要求。

# 「潤筆」雜談

／奚錦順

寫稿取酬，或者說「拿稿費」，這還是近代的事情。稿費的由來，是「國產」，還是「進口」，因未作考證，不好妄說。不過寫文章而獲得一定的酬謝，在我國倒是古已有之，其名曰：「潤筆」。「潤筆」出典於《隋書．鄭譯列傳》：

（隋文帝楊堅在醴泉宮召見鄭譯）「於是，復爵沛國公，位上柱國。上顧謂侍臣曰：『鄭譯與朕同生共死，間關危難，興言念此，何日忘之！』譯因奉觴上壽。上令內史令李德林立作詔書。高熲戲謂譯曰：『筆乾』。譯答曰：『出為方岳，杖策言歸，不得一錢，何以潤筆？』上大笑。」

看來這場對話僅是高、鄭二人之間的說笑。誰也沒有真的給「潤筆」錢予李德林，作者的本意大概只是要諷刺一下鄭譯「情輕險，不親職務而藏貨狼藉」的惡劣品德。但「潤筆」這一典實也就不脛而走，而且真的被後人付之實行了，此人便是宋太宗趙光義。

趙光義為了賞賜作宮廷詩的御用文人，特意設了一筆專款，就名叫「潤筆錢」。並「降詔刻石於舍人院」（見《宋朝事實類苑》）。

其實，這僅是流傳而已。探究「潤筆」的淵源，恐怕要追溯到遠在西漢時司馬相如為陳皇后作《長門賦》了。他寫《長門賦》帶點傳奇色彩。那位曾被武帝許以「金屋藏嬌」的陳阿嬌失寵後，被禁錮在「長門宮」。她「愁悶怨思」，不願過著「雨打梧桐宮燈冷」的日子。不知怎麼的，她想起了司馬相如。於是「奉黃金百斤，為相如、文君取酒」，要仰仗文豪的大手筆而「東山再起」。《長門賦》寫得是夠動人心弦的了：「日黃昏而望絕兮，悵獨托於空堂」，「懸明月以自照兮，徂清夜於洞房」。但「相如為文以悟主上，陳皇后復得再幸」的說法，卻是作者的噱頭，並不是事實，因為陳皇后並未「東山再起」。但不管怎樣，作文取酬大概就從這裏開了頭。

大明大亮作文而取酬的第一個人，恐怕要數後漢的蔡伯喈。蔡邕頗具文采，又精於篆隸，是個文學家兼書法家。他生平為人撰寫碑志不下數十篇，其中有位極人臣的三公匡卿，也有德昭望重的名師碩儒，還有七歲夭折的小娃娃，有的竟一人三碑。這些碑文大多是言過其實的溢美之詞和泛泛空言。連他自己也承認：「吾為碑銘多矣，皆有慚德，唯郭有道無愧色耳。」（《後漢書．郭符許列傳》）由此可想見作者自己內心的不踏實。據載，蔡邕代人作碑文「得萬金計」，時人譏之為「諛墓金」。這樣的錢財自然充斥著「銅臭」味。這恐怕是後人重其學識而卑其人格的原因之一吧。

到了唐代，作文受謝已經相當普遍。公卿大夫死了，代作碑文的人競相角逐，由不得喪家，可謂趨之若鶩。因作碑文有名而著於史傳的第一個人是李邕。據《舊唐書．李邕傳》：「邕尤長碑頌，中朝衣冠及天下寺觀，多賚持金帛，往求其文。前後所製，凡數百首，受納饋遺，亦至巨萬。時議以為自古鬻文獲財，未有如邕者。」李邕靠此致富，比起蔡邕來，實在有過之而無不及。

在這方面可與「二邕」（蔡邕、李邕）媲美的是大散文家韓愈。翻開一部《昌黎先生全集》，好文章固然不在少數，但碑志中的「諛墓」之作也占相當數量。唐人的「潤筆」，有出錢的，有贈物的。唐憲宗平定淮西藩鎮吳元濟後，為勒石記功，命韓愈作《平淮西碑》。文章寫成後，唐憲宗將「碑本」分賜給平淮西有功諸將，其中有個叫韓弘的，他為此贈絹五百匹給韓愈。韓愈給唐憲宗死去的國舅王用作碑後，王用之子贈帶鞍銜的白馬一匹及白玉腰帶一條。這兩筆「潤筆」因為都與唐憲宗有直接干係，所以韓愈奏明憲完獲得恩准後才敢收下。至於為一般人作碑文而收受的財物，無疑比這多得多。難怪劉禹錫《祭韓吏部文》要說「公鼎侯碑，志隧表阡，一字之價，輦金如山」了。時人對韓愈靠這種途徑獲得錢財並不心許。有個叫劉義的人，任俠能詩，曾慕韓愈名投其門下，後來看穿了韓愈這方面的為人，便「持公數金去，曰：『此諛墓中人所得，不若與劉君為壽』」。這對韓愈來說是很具諷刺意味的！

「潤筆」的多少，原本由得文者酌情奉請，並無明碼實價。但漫天要價，索取重金者也大有人在。最典型的大概要算唐人皇甫湜了。宋人祝穆的《事文類聚》有一段很生動的記述：

「裴度辟皇甫湜為判官。度修福先寺，將立碑，求文於白居易。湜怒，曰：『近捨湜而遠取居易，請從此辭。』度謝之。湜即請斗酒飲，醉，援筆立就。度遺以車馬、繒采甚厚。湜大怒，曰：『今碑字三千，一字三縑，何遇我薄也！』度笑，酬以絹九千匹。」

皇甫湜這種作法已經不是一般的討價還價，簡直有敲榨勒索之嫌了，今天讀來不禁令人瞠目咋舌。

唐宋間，文人不僅不以腆顧要價為意，而且還上門索討「潤筆」。杜甫《聞斛斯六官未歸》詩中說：「故人南郡去，去索作碑錢。本賣文為活，翻令室倒懸」。便反映了這種情形。據《宋朝事實類苑》記載：「近時舍人院草制，有送潤筆物稍後時者，必遣院子詣門催索，而當送者往往不送，相承既久，今索者送者皆恬然不以為怪也。」到了這種地步，士大夫所謂的清高、氣度都丟乾淨了。

自然，話也應該說回來，古代正直清廉之士視「潤筆」如芥草的也不乏其人。或者將所得「潤筆」布施於人，自己分文不取；或者以友情道義為重，拒收「潤筆」；或者寧餓死，不為「萬縑」重價所誘，拒絕為聲名狼藉的權臣作碑，這都大有人在，那種不畏權勢，不為利動的品質是很可貴的。

「潤筆」之習承襲而下，到了明清兩代，隨著社會發展和經濟形態的緩慢演變，情況更有變化。一是文價漸高，「三五年前，翰林名人送行文一首，潤筆銀二三錢可求，事變後文價頓高，非五錢一兩不敢請」（葉盛《水東日記》）。二是由原來的主家隨意付酬變而由作者定價取酬；三是作文更不限碑志，詩文字畫均可待價而沽。有的落魄文人便以賣文為生。《儒林外史》裏的「沈瓊枝利涉橋賣文」就是一例。顯然，售字賣文已帶有商品化的性質。

「揚州八怪」之一的鄭板橋與眾不同。他罷官後，擺起了字畫攤，不以取「潤筆」為恥，特意掛著一幅筆榜小卷，上面寫明各種字畫的「潤筆」數：

大幅六兩，中幅四兩，小幅二兩，書條、對聯一兩，扇子、斗方五錢。凡送禮物食物，總不如白銀為妙。公之所送，未必弟之所好也。送現銀則中心喜樂。書畫皆佳，禮物既屬糾纏，賒欠尤為賴帳。年老神倦，不能陪諸君子作無益語言也。畫竹多於買竹錢，衹高六尺價三千，任渠話舊論交接，只當秋風過耳邊。

乾隆己卯，拙公和上，屬書謝客，板橋鄭燮

這幅「潤筆」書榜可謂別具一格，意味深長。透過字裏行間，這位康熙秀才、雍正舉人、乾隆進士純真率直的個性固然躍然紙上，然而又有誰能說這不是滿懷憤世嫉俗之情的流露，不是他由於看透了世人的虛偽心理，有感而發，有為而作的呢?!

綜上所述，可見「潤筆」之例在我國古代由來已久。對「潤筆」所持的不同態度，或多或少反映出文人品性、人格的差異，從中或許可以窺見漸變著的社會風情習俗之一斑。

# 《玄奘圖》中玄奘背的東西是什麼？

／王　森

這幅《玄奘取經圖》，現存於陝西省長安縣東南興教寺內慈恩塔院的殿堂裏，它刻在一個石碑上。興教寺中有玄奘的屍骨塔，這座塔為唐時所建，歷經修茸，至今尚存。據這裏的法師講，這幅《玄奘取經圖》原為宋代工匠據宋人所繪《玄奘西遊像》刻的，後由於戰亂，寺院與石碑同遭破壞。本世紀初重修興教寺時，又據原石碑的拓片重新鑿

玄奘取經圖

刻，而成為現在所能見到的這幅石刻。

圖上的玄奘，身穿和尚服，胸前掛著念珠，腳著草鞋，腰前繫著個小包袱，裏面放著衣物。他左手拿著經書，右手拿著拂塵（又叫蠅甩兒）趕飛蟲。他身後背的是竹子做的書箱，裏邊放著經書。書箱頂上是傘，傘前垂著線，吊了一個小油燈，一隻小蛾子繞燈飛著，這是玄奘取經圖中，夜晚邊趕路邊讀經書的情景。

這種裝扮的玄奘，看來主要是宋代僧人的形象，我們在宋代張擇端創作的《清明上河圖》上，所看到的身負背簍的行腳僧人形象，和這幅圖上的玄奘的樣子是很相像的。

國家圖書館出版品預行編目資料

古代禮制風俗漫談 1／陰法魯等著. --再版.
--臺北市：萬卷樓，民 86
冊；　公分
ISBN 957-739-164-8(第 1 冊：平裝)

1. 禮俗-中國

530.92　　86014930

# 古代禮制風俗漫談 1

著　者：陰法魯等
發 行 人：許錟輝
總 編 輯：許錟輝
責任編輯：李冀燕
發 行 所：萬卷樓圖書有限公司
台北市和平東路一段 67 號 14 樓之 1
電話(02)3216565・3952992
FAX(02)3944113
劃撥帳號 15624015
承印廠商：晟齊實業有限公司
定　價：240 元
出版日期：民國 87 年 1 月再版
出版登記證：新聞局局版臺業字第伍陸伍伍號



ISBN 957-739-164-8

請貼
郵票

# 萬卷樓圖書有限公司
# 「業務部」收

106　台北市和平東路 1 段 67 號 14 樓之 1

## 萬卷樓圖書有限公司讀者服務卡

謝謝您購買這本書！爲加强對您的服務並使往後的出書更臻完善，請您詳細填寫本卡各欄，寄回給我們，即可收到本公司最新的出版資訊，及享受我們提供各種的優待。

**書籍名稱**：E002　古代禮制風俗漫談 1

**姓名**：________________

**年齡**：________　　性別：□男　□女

**地址**：________________

**聯絡電話**：（O）________　（H）________

**學歷**：□高中（職）　□專科　□大學　□研究所以上

**職業**：□學生　□教職員　□公務員　□研究職　□上班族
□家庭主婦　□自由業　□軍警　□資訊業　□銷售業
□工商業　□服務業　□其他________

**購買本書的方式**：

□________市（縣）________書店　□劃撥　□本公司
□贈送　□書展、演講活動，名稱________
□其他________

**您從何處得知本書的消息**

□逛書店　□報紙廣告　□國文天地雜誌　□親友推薦
□廣告 DM　□其他________

**您是否爲《國文天地》雜誌的訂戶？**

□是，編號：________　□否

**您是否曾購買本公司的其他書籍？**

□是，書名（舉一）：________　□否

**對我們的建議**：